Das Geheimnis des Erfolgs

Og Mandino

Das Geheimnis des Erfolgs

Ein einzigartiges Trainingsprogramm —
entstanden aus den Erfahrungen der Jahrtausende

★ ★ ★

Mit Ihrem persönlichen Erfolgstagebuch
und den zehn Schriftrollen des Erfolgs

Verlag Norman Rentrop

Titel der amerikanischen Originalausgabe:
"The Greatest Secret In The World" by Og Mandino

CIP-Titelaufnahme der Deutschen Bibliothek

Mandino, Og: Das Geheimnis des Erfolgs: e. einzigartiges Trainingsprogramm, entstanden aus d. Erfahrungen d. Jahrtausende; mit Ihrem persönl. Erfolgstagebuch u. d. 10 Schriftrollen d. Erfolgs / Og Mandino.
— 4. Aufl. —
Bonn: Rentrop, 1989
Einheitssacht.: The greatest secret in the world „dt."
ISBN 3-8125-0022-1

1. Auflage Oktober 1979
2. Auflage Mai 1982
3. Auflage Oktober 1986
4. Auflage Juni 1989

Satz: Verlag Bärbel Skupch, Würzburg
Herstellung: Druckerei Laub, Elztal-Dallau

Verlag Norman Rentrop, Theodor-Heuss-Str. 4, 5300 Bonn 2 (Bad Godesberg), Tel. 0228/8205-0, Telex 17228309 (ttx d), Teletex 228309 = rentrop, Telefax 0228/364411

ISBN 3-8125-0022-1

Über dieses Buch

„Das Geheimnis des Erfolgs“ entstand als praktisches Trainingsprogramm. Autor Og Mandino war jahrelang Herausgeber des US-Magazins „Success Unlimited“ (heute: „Success“), das sich ausschließlich dem persönlichen Lebenserfolg widmet. Er sprach mit Tausenden, die Erfolg hatten. Erfolg nicht nur in der Wirtschaft, sondern auch im Sport, in der Politik, in der Kirche, kurzum, in allen Lebensbereichen.

Deren Erkenntnisse und die Kernsätze aller bedeutenden Werke der Weltgeschichte über Erfolg, Motivation und Selbsttraining faßte er zusammen. Aber nicht zu einem wissenschaftlichen Werk, sondern zu einem für jedermann verständlichen und nachvollziehbaren Trainingsprogramm.

Und der Erfolg gab ihm recht. Fast ohne Werbung — nur durch Mund-zu-Mund-Propaganda — wurden bislang über vier Millionen seiner Bücher verkauft.

Ich selbst habe den zehn Schriftrollen des Erfolgs Wesentliches zu verdanken.

Für mich sind sie ein immerwährender Anstoß, mich und meine Fähigkeiten weiterzuentwickeln.

Ich wünsche Ihnen die Kraft, dieses Programm zu befolgen, damit es Ihnen hilft, wie es mir und Millionen anderer Menschen geholfen hat.

Norman Rentrop
Herausgeber des Wirtschaftsinformationsdienstes „Die Geschäftsidee“

Was die Erfolgreichen der Welt zu diesem Buch sagen:

Dieses Buch ist mitreißend. Es ist großartig! Es bringt den Leser dazu, sich in der gewünschten Weise zu verhalten. Og Mandino, der Autor, ist wieder ebenso unübertroffen und einzigartig wie in seinem ersten Buch.

W. Clement Stone, Milliardär und Vorstandsvorsitzender
der Combined Insurance Company of America

Dieses außerordentliche Buch inspiriert den Leser, seine moralischen, geistigen und finanziellen Ziele zu verwirklichen.

Wallace E. Johnson, stellv. Aufsichtsratvorsitzender der Holiday-Inn-Kette

Dies ist ein exzellentes Buch über Lebenserfolg.

Dr. Maxwell Maltz, Autor des Buches „Psycho-Kybernetik“

Dieses Buch gibt Ihnen ein Programm in die Hand, mit dem Sie über sich selbst hinauswachsen können. Wenn Sie den Mumm haben, es zu lesen, wird es Ihnen viel nützen!

Edward R. Dewey
Präsident der „Foundation For The Study of Cycles"

Dieses Buch wird Ihnen helfen, die Verhaltensweisen der Erfolgreichen zu erwerben. Es vermittelt Ihnen ganz konkret die ewig gültigen Wahrheiten und die Weisheit, wie sie von großen Männern in der Geschichte schon immer angewendet wurden.

Folgen Sie nur den einfachen Lernschritten, und Sie werden das größte Geheimnis entdecken, das eigentlich jedem offenbar sein sollte — und es doch nicht ist.

Das Buch eröffnet eine Welt von erregenden Möglichkeiten und außergewöhnlichen Leistungen, die Sie faszinieren werden.

Doch lesen Sie das Buch nicht nur. Arbeiten Sie mit ihm, benutzen Sie es täglich und leben Sie nach seiner Lehre. Erkennen Sie das große Geheimnis und setzen Sie es zu Ihrem Vorteil ein.

Paul Meyer
Präsident des Instituts für Erfolgsmotivation

Og Mandinos Erfolgskurve legt Zeugnis ab von seiner Philosophie. Wenn er sagt, daß er ein Geheimnis kennt, sollten Sie ihm wirklich glauben. Wenn er Ihnen anbietet, es mitzuteilen, hören Sie gut hin.

Paul Harvey
Paul Harvey News
Amerikan Broadcasting Co.

Ich glaube, daß alle, die das Programm in diesem Buch durcharbeiten, vorwärtskommen. Ich habe das Programm befolgt, ohne es zu wissen. Jetzt ist es für Sie da. Als Christ glaube ich an Gottes Liebe zu den Menschen. Ich glaube auch, daß wir mit unseren Talenten wuchern sollen. Je erfolgreicher Sie im Leben sind, umso mehr Gutes können Sie tun. Versager können ihren Mitmenschen nicht helfen.

Richard M. DeVos
Präsident der Amway Corporation

Nachdem ich vor vier Jahren Og Mandinos erstes Buch gelesen hatte, habe ich mir gewünscht, er würde ein einfaches, praktikables Konzept entwickeln, anhand dessen Verkäufer, die es in ihrem Leben zu etwas bringen wollen, die Grundsätze und die Philosophie der wunderbaren Schriftrollen in die Tat umsetzen können. Und nun hat er es getan!

Frank W. Errigo, früher Direktor
U.S. Verkauf der Firma Parke Paris & Co.

Die Legende von den Zehn großen Schriftrollen

Es lebte vor nunmehr fast 2000 Jahren ein junger Kameltreiber mit Namen Hafid, der sich in die Tochter eines reichen Kaufmanns verliebt hatte.

Wollte er um die Hand der schönen Lisha anhalten, mußte er zuvor seine geringe Stellung verbessern. Hafid bat seinen Herrn, den großen Karawanenbesitzer Pathros, ihm eine Gelegenheit zu geben, seine Talente als Kaufmann zu beweisen.

Aus dem Vorratswagen seiner Karawane gab Pathros dem jungen Mann einen neuen Mantel, den dieser in der nahegelegenen Stadt zu Bethlehem verkaufen sollte. Drei Tage lang mißlang Hafid jeder Versuch, in dem armseligen Ort einen Käufer zu finden. Am Ende gab er, in einer plötzlichen Anwandlung von Mitgefühl, den Mantel an ein neugeborenes Kind in einer Hütte neben dem Wirtshaus hin, damit er es wärme.

So kehrte der Jüngling zu der Karawane zurück, und sein Herz war voller Scham und Selbstbezichtigungen ob dieses Fehlschlags in seinem Beruf als Kaufmann. Aber er bemerkte nicht den hellen Stern, der über seinem Haupte erstrahlte und der ihn begleitete auf seinem Wege.

Pathros jedoch sah den Stern, und er verstand ihn als ein Zeichen der Götter, das Zeichen, auf das er seit vielen Jahren gewartet hatte. Dieses Zeichen sollte ihn von seinem geheimen Besitz der „Zehn großen Schriftrollen der Erfüllung“ entbinden, die er erhalten hatte, als er ein ebenso armer Jüngling wie dieser hier gewesen war.

Der alte Kaufmann gab Hafid die Schriftrollen kurz vor seinem Tode, und Hafid wandte ihre Gesetze an, so daß er mit der Zeit der wohlhabendste, erfolgreichste und größte Kaufmann der Welt wurde.

Viele Jahrzehnte später übergab Hafid die zehn Rollen wiederum einem ganz bestimmten Menschen.

Und jetzt halten *Sie* sie in Ihren Händen. In diesem Buch werden Sie lesen und lernen, wie Sie ihre Weisheit in Ihrem eigenen Leben anwenden können. Sie werden lernen, Ihren täglichen Fortschritt in einem Erfolgskalender festzuhalten, so daß Sie zu bleibendem Wohlstand, zu Gesundheit und Glück gelangen und — was das Wichtigste ist — die Ruhe des Geistes finden.

Das wichtigste Ziel aller Erziehung ist: das zu tun, was getan werden muß, und zwar zum richtigen Zeitpunkt — ob es dir nun paßt oder nicht. Dies ist die erste Lektion, die zu lernen ist. Und mag die Lehrzeit eines Menschen auch noch so lange dauern, wahrscheinlich ist es auch die letzte Lektion, die er wirklich gründlich lernt.

Thomas Huxley

1. Kapitel

Bevor wir mit den „Zehn großen Schriftrollen der Erfüllung“ beginnen, lassen Sie mich ein offenes Wort an Sie richten.

Also: Ich rede, und Sie hören gut zu.

Das Geld, das Sie für dieses Buch ausgegeben haben, ist zum Fenster hinausgeworfen.

Ob Sie das Buch nun von jemandem bekommen haben, dem Sie wichtig sind, der möchte, daß Sie groß herauskommen, der Sie vielleicht sogar liebt, oder ob Sie es selbst gekauft haben — das Geld ist auf jeden Fall zum Fenster hinausgeworfen.

Das Geld ist zum Fenster hinausgeworfen, wenn Sie nicht bereit sind, ein Verfahren zu akzeptieren und in die Tat umzusetzen, das schon für Tausende erfolgreich war.

Das Geld ist zum Fenster hinausgeworfen, wenn Sie nicht den Mumm, die Zähigkeit und die Willenskraft aufbringen, dem Programm bis zum Ende zu folgen.

Das Geld ist zum Fenster hinausgeworfen, wenn Sie nicht bereit sind, diesem Vorhaben zehn Minuten Ihrer Zeit an jedem Arbeitstag zu widmen — und das 45 Wochen lang.

Wenn ich Buchmacher wäre, würde ich sagen, die Wette steht ungefähr 75 zu 1, daß dieses System innerhalb eines Jahres Ihr Einkommen verdoppeln oder verdreifachen kann, wenn Sie es richtig einsetzen.

„Bei mir ist doch alles ganz anders", wenden Sie ein. Ist das wirklich wahr? Wie lange haben eigentlich die guten Vorsätze vom letzten Neujahrstag vorgehalten? Wie war doch das mit den überflüssigen Pfunden, die Sie loswerden wollten? Oder mit den Zigaretten, die Sie nicht mehr rauchen wollten? Oder mit dem soundsovielten Bier, auf das Sie verzichten wollten?

Wie lange wollen Sie sich eigentlich noch in die eigene Tasche lügen?

Vielleicht haben Sie wirklich den brennenden Wunsch nach Erfolg? Vielleicht müssen Sie ganz allein die Verantwortung tragen für Ihre Ehe, Ihre Kinder, für den Wunsch nach einem schönen Heim, einem neuen Auto? Oder vielleicht stehen Sie vor einem wachsenden Berg finanzieller Verpflichtungen, die Sie zwingen, sich täglich auf's Neue zusammenzureißen?

Aber der brennende Wunsch nach Erfolg allein genügt nicht. Als ich Herausgeber von „Success Unlimited" war, einer Zeitschrift, die Geschäfts- und Privatleuten Tips und Hilfen zum Erfolg gibt, wurde mir klar, daß es in Wirklichkeit zwei Arten von brennenden Wünschen gibt — echte und unechte. Die falsche, trügerische Art findet man bei den Menschen, die permanent ihrem Chef, ihrer Frau und — was am schlimmsten ist — sich selbst erzählen, daß sie sich um Erfolg bemühen. Sie lesen alle Bücher über Selbsttraining und fühlen sich auch tatsächlich angeregt, wenn sie von den Erfolgen anderer lesen, genau wie die Menschen, die ihre Anregungen aus der Lektüre pornographischer Schriften nehmen. Und leider werden weder die einen noch die anderen jemals aktiv. Sie leben ein Leben aus zweiter Hand, das nur in der eingebildeten Teilnahme an Leben und Aktivitäten anderer besteht.

Morgen, so sagen sich diese Tagträumer, wird alles anders.

Aber das Morgen kommt nie.

Wenn Sie sich nun davon ein wenig angesprochen fühlen, so nehmen Sie das nicht allzu tragisch. Ich will Ihnen Ihre Betroffenheit nehmen und Ihnen versichern, daß wir alle etwas von dieser falschen Art zu wünschen haben. Wir machen Versprechungen, von denen wir im selben Moment wissen, daß wir sie nicht halten können. Aber wir haben uns damit für den Augenblick bei unserem Chef oder bei unserer Frau ein wenig Luft verschafft, wobei wir uns nicht klar machen, was wir uns selbst damit antun, wenn wir uns so belügen.

Heute ist der Tag, an dem Sie dieses Bild von sich auslöschen. Keine falschen Versprechungen mehr, keine Luftschlösser an langen Abenden, die sich bei Sonnenaufgang in Nichts auflösen, keine Selbsttäuschungen mehr.

Während Sie sich Tag für Tag durch unser Erfolgsprogramm hindurcharbeiten, wird Ihnen eine Erkenntnis zuteil werden. *Sie sind das große Wunder des Lebens.* Wenn Sie Ihren Privat-Computer, Ihr Gehirn, nachbauen wollten, benötigten Sie dazu so viele elektronische Teile, daß man das ganze Empire State Building damit füllen könnte. Sie sind einzigartig und kostbar, das Endprodukt einer Entwicklung, die mehrere Millionen Jahre in Anspruch nahm. Wenn Sie etwas Schönes oder Bedeutendes in Ihrem Leben vollbringen wollen, haben Sie sowohl geistig als auch körperlich eine weit bessere Ausgangsposition als Salomo oder Cäsar oder Plato.

Sie haben ein größeres Potential als jeder andere Mensch vor Ihnen.

Aber Sie werden es nie schaffen, wenn Sie in Ihrem Sessel sitzenbleiben und aller Welt erzählen, wie großartig Sie eines Tages dastehen werden, — morgen fangen Sie gleich damit an. Eines Tages wird der nette Vermieter oder der Gerichtsvollzieher nur noch abwinken, wenn Sie ihm wieder mit großen Versprechungen kommen wollen. Eines Tages werden Sie nicht mehr kreditwürdig sein. Eines Tages wird es auch für Sie heißen: „Karten auf den Tisch."

Dieses Buch zeigt Ihnen, wie Sie die Karten mischen müssen — wenn Sie den festen Willen haben, ihm zu folgen.

Mit diesem Buch haben Sie nicht einfach eine weitere Anleitung zu mehr Leistung vor sich, von der Sorte etwa, wo komplizierte Theorien, Tabellen und Verkaufstechniken äußerst eindrucksvoll dargestellt werden, die Ihnen aber im Endeffekt nichts bringt — hier und heute, morgen, nächste Woche.

Jeder einzelne Tag in Ihrem Erfolgskalender wird für Sie fruchtbar sein, ganz gleich, welchen Beruf Sie ausüben — vorausgesetzt, Sie geben sich selbst ein ernsthaftes Versprechen: daß Sie an jedem Ihrer Arbeitstage zehn Minuten Ihrer Zeit opfern, 45 Wochen lang. Zehn Minuten — das ist ungefähr die Zeit, die Sie täglich zum Duschen brauchen. Ist das zu viel für die Chance, Ihr Einkommen in den nächsten zehn Monaten zu verdoppeln oder zu verdreifachen? Ist Ihnen in Ihrem bisherigen Leben jemals ein solches Angebot gemacht worden?

Ich will Sie nicht fragen, was Sie von Ihrem Leben erwarten. Ich glaube, Sie könnten mir keine klare Antwort geben. Und ich will Sie nicht bitten, Ihre heutigen Besitztümer und Errungenschaften aufzulisten, damit Sie dann eine zweite Liste anlegen können mit dem, was Sie in einem Jahr oder in fünf Jahren erreicht haben wollen, und was man sich dergleichem mehr alles ausgedacht hat. Wir werden diese unrealistische Erfolgs-Buchführung nicht brauchen, die in den Büchern über Selbsttraining angeboten wird.

Wir brauchen nur vier Informationen: Ihre jetzige Stellung im Beruf und Ihr jetziges Einkommen sowie die berufliche Position und das Monatseinkommen, das Sie, von heute ab gerechnet, in 45 Wochen haben möchten, wenn Sie Ihr Erfolgstagebuch beendet haben werden.

Das sieht etwa so aus: Auf einem Blatt Papier, das Sie bitte an einem sicheren Platz bei sich zu Hause aufbewahren, machen Sie sich eine Aufstellung wie diese:

Name: ....

Datum: ....

Meine jetzige Berufsbezeichnung: ....

Mein momentanes Monatseinkommen: ....

Meine Berufsposition in 45 Wochen: ....

Mein Monatseinkommen in 45 Wochen: ....

Das ist alles. Unterschreiben Sie es und verwahren Sie es gut. Sprechen Sie mit niemandem darüber, außer vielleicht mit Ihrer Frau. Tun Sie es gleich — sofort! Zaudern ist eine schlechte Angewohnheit, gegen die wir auf der Stelle ankämpfen müssen.

Warum habe ich Ihnen keine lange Liste der Dinge abverlangt, die Sie in zehn Monaten erreicht haben oder besitzen wollen? Dinge wie: ein neues Haus, eine Ausbildungsrücklage für Ihre Kinder oder die Filmkamera mit dem 10:1-Zoom-Objektiv, mit der Sie schon so lange liebäugeln? Weil das nicht nötig ist. Wenn Sie Ihre berufliche Position und Ihr Monatseinkommen in der Weise verbessern können, wie Sie es in Ihrer privaten Aufstellung dargestellt haben, kommen alle materiellen Reichtümer, nach denen Ihnen der Sinn steht, von selbst zu Ihnen. Eine lange Liste Ihrer Träume ist ganz und gar unnötig! Sie wissen, was Sie wollen — und Ihr Erfolgskalender wird Ihnen auf den richtigen Weg helfen.

2. Kapitel

Sie können Ihren Erfolgskalender an jedem Montag im Jahr beginnen. Aber wenn Sie einmal angefangen haben, dürfen Sie sich durch nichts — außer einer schweren Krankheit — davon abhalten lassen, ihn Tag für Tag weiterzuführen.

Mit einer Ausnahme: Wenn Sie einen Urlaub eingeplant haben, während Sie an diesem Programm arbeiten, machen Sie sich frei und genießen Sie ihn. Aber machen Sie an Ihrem ersten Arbeitstag danach dort weiter, wo Sie aufgehört haben.

Sie werden jetzt gleich die „Erste große Schriftrolle der Erfüllung" lesen. Die Rolle sagt Ihnen, wie und wann Sie die folgenden Rollen lesen sollen. Lesen Sie diese Rolle mehrfach, und zwar an dem Wochenende, das Ihrem Programmbeginn unmittelbar vorausgeht.

Achtung! Lassen Sie sich nicht durch die Schlichtheit der Lehrsätze täuschen. Einfachheit und Schlichtheit sind der Schlüssel zum Erfolg bei jedem Vorhaben.

Sie werden jetzt gleich lernen, wie Sie Ihrem schlimmsten Feind begegnen können: Ihren schlechten Gewohnheiten. Die „Schriftrolle mit dem Zeichen I" birgt das Geheimnis, wie Sie sich davon befreien können. Lesen Sie langsam. Nehmen Sie einen Stift zur Hand und unterstreichen Sie die Stellen, die Sie am wichtigsten und bedeutsamsten für sich halten. Wenn Sie jetzt weitergehen, werden Sie spüren, daß Sie einen Begleiter haben. MICH! Ich werde den ganzen Weg lang bei Ihnen sein.

Die Schriftrolle mit dem Zeichen I

Heute beginne ich ein neues Leben.

Heute lege ich mein altes Gewand ab, ich ziehe die alte Haut aus, die allzu lange schon die Narben meines Strauchelns, die Wundmale meiner Erniedrigung trägt.

Heute werde ich zu neuem Leben geboren, und der Ort meiner Geburt wird sein ein Weinberg, der überreiche Frucht trägt für alle.

Heute werde ich die Früchte ernten von den stärksten und reichsten Reben dieses Weinbergs, denn siehe, diese sind gesetzt worden von den Weisen, die lange vor meiner Zeit hier waren, den Vätern meiner Väter.

Heute werde ich den Wohlgeschmack der Trauben von diesen Reben kosten, und in Wahrheit werde ich der Samenkörner des Gelingens teilhaftig, die in jeder dieser Früchte einbeschlossen liegen, und neues Leben wird in mir erstehen.

Das Handwerk, das ich mir erwählt habe, gleicht einem Bergwerk, das unnennbare Schätze birgt, und dennoch ist ein jedes Tagwerk darinnen beladen mit Mühsal, Jammer und Not, und die Leichname jener, die gefehlt haben, sind gleichsam ein Berg, so hoch, daß sein Schatten alle Pyramiden dieser Erde in sich birgt.

Ich jedoch werde nicht fehlen wie jene, denn meine Hände tragen nunmehr die Schriften der Weisheit, die mich durch die verderblichen Wasser geleiten hin zu den Ufern, die ich gestern allein im Traumgesicht sah.

Der Lohn meines Kampfes wird nicht länger mehr Mißernte sein. So wie die Natur meinen Körper mit keinem Mittel versah, das ihn den Schmerz fühllos ertragen ließe, so richtete die Vorsehung in meinem Leben kein Haus für den Fehlschlag ein. Das Mißlingen, wie sein Bruder, der Schmerz, ist meinem Leben abhold. In den Tagen der Vergangenheit gewährte ich ihnen Unterschlupf. Nunmehr weise ich sie hinaus, und ich bereite mich für den Einzug der Weisheit und der hohen Lehre, die mich führen werden; hinaus aus den Schatten hin zum Lichte des Wohlstands, der Wohlachtbarkeit und der Glückseligkeit. Der Pfad führt weit hinaus über meine Traumparadiese, und die goldenen Äpfel im Garten der Hesperiden werden mir Lohn sein.

Die Zeit lehrt alle Geheimnisse jene, deren Leben ewig währet. Ich jedoch bin nicht ewig. Und ich muß in dem mir zugewiesenen Zeitmaß die hohe Kunst der Geduld üben, denn die Schöpfung kennt keine Hast. Damit der König der Bäume, der Olivenbaum, zur vollen Größe heranreift, müssen hundert Jahre vergehen. Die Zwiebel dagegen altert in neun Wochen. Ich habe gelebt wie die gemeine Zwiebel. Es hat mir nicht gefrommt. Nun aber werde ich sein der mächtigste der Olivenbäume und in Tat und Wahrheit der größte aller Kaufleute.

Wie werde ich dieses erreichen? Denn ich habe nicht das Wissen und nicht die langen Lehrjahre, die meinen Geist wachsen und reifen ließen, und schon oft bin ich gestrauchelt in Unwissenheit und bin gefallen in die Gruben der Verzweiflung. Die Antwort ist ein Leichtes. Wenn ich mich auf meine Reise begeben werde, werde ich leicht gegürtet schreiten: Weder unnütze Lehren noch sinnlose Erfahrung sollen mich drücken. Die Schöpfung selbst stattete mich bereits aus mit Wissen und Gespür, darin ich alle Tiere des Waldes übertreffe. Und jene Greise, deren Geist schon vom hohen Alter verwirrt ist, haben Unrecht mit ihren unablässigen Predigten: „Allein lange Lehrjahre bringen Lohn.“

Es verhält sich jedoch so: In den Lehrjahren lernt der Mann zwar gründlich, seine Lebenszeit hingegen opfert er hin. So ist der Wert der Lehrjahre gering, denn sie verkaufen Weisheit um den hohen Preis der Lebensjahre. Und am Ende dieser Jahre steht der Tod. Und dann ist diese Art von Wissen kurzer Dauer: Was heute für richtig gilt, wird morgen falsch sein.

Nur die wahre Lehre, die nun mein Eigentum ist, überdauert die Zeiten. Denn die Gesetze der Großen sind niedergeschrieben in diesen Schriftrollen. Sie lehren mich vielmehr, den Fehlschlag zu meiden, als das Gelingen zu zwingen. Denn was anderes ist das Gelingen, als ein Zustand der Seele? Nenne mir zwei von tausend weisen Männern, die das Gelingen mit denselben Worten bezeichnen würden. Doch der Fehlschlag wird immer bei einem einzigen Namen genannt: *Fehlschlag und Mißlingen des Menschen ist sein Unvermögen, seine eigenen Lebensziele zu erreichen.*

In Wahrheit liegt der eine Unterschied zwischen jenen, die gefehlt haben und diesen, die den rechten Weg gegangen sind, in der Verschiedenheit ihrer Gewohnheiten. Gute Gewohnheiten sind der Schlüssel zum Erfolg. Schlechte Gewohnheiten sind offene Türen zum Mißlingen. Und so werde ich dem ersten Gesetz gehorchen, das über allen anderen steht: *Ich will gute Gewohnheiten annehmen und ihr Sklave sein.*

Als ein Kind war ich Sklave meiner schnellen Begierden. Nun bin ich Sklave meiner Gewohnheiten, wie es alle Männer sind. Ich habe meinen freien Willen in vielen Jahren den wachsenden Gewohnheiten unterworfen, und die Taten der Vergangenheit haben bereits einen Pfad gezeichnet, der in ein zukünftiges Gefängnis führt. Meine Taten werden beherrscht von Begierden, Leidenschaften, Vorurteilen, Wünschen, Liebe, Angst, Alltag, Gewohnheit — der böseste dieser Tyrannen aber ist Gewohnheit. Daher, wenn ich denn ein Sklave der Gewohnheit sein muß, so allein Sklave guter Gewohnheiten. Zerstören muß ich die Wurzeln der schlechten Gewohnheiten und bereiten werde ich meinen Boden für die guten Samen.

Ich werde gute Gewohnheiten heranbilden und ihr Sklave sein.

Wie werde ich diese schwere Tat bewältigen? Mit diesen Schriftrollen wird es vollbracht werden, denn jede Rolle birgt einen Grundsatz, der eine schlechte Gewohnheit nach der anderen austreiben wird aus meinem Leben und eine andere an deren Stelle setzen wird, die mich dem Gelingen näherbringt. Denn es ist ein weiteres Gesetz der Schöpfung, daß an die Stelle einer Gewohnheit nur eine andere treten kann. Und sollen diese geschriebenen Worte ihr innewohnendes Ziel erfüllen, muß ich mich der ersten neuen Gewohnheit unterwerfen, die da lautet:

Ich werde jede Schriftrolle dreißig Tage lang in der vorgeschriebenen Weise lesen, ehe ich fortschreite zu der folgenden Schriftrolle.

Im Anfang werde ich die Worte schweigend lesen des Morgens, wenn ich mich erhebe. Sodann werde ich die Worte schweigend lesen, wenn ich mein Mittagsmahl eingenommen habe. Und schließlich werde ich die Worte wieder lesen am Ende des Tages, bevor ich mich niederlege. Das Wichtigste aber ist, daß ich nunmehr die Worte laut lesen werde.

Am nächsten Tag werde ich ein gleiches tun, und so werde ich fortfahren während dreißig Tagen. Dann werde ich mich der nächsten Rolle zuwenden und in dieser Weise fortfahren für weitere dreißig Tage. Ich werde auf diesem Weg weitergehen, so daß ich mit jeder Rolle dreißig Tage lang lebe und das Lesen zu meiner Gewohnheit geworden ist.

Welches Ziel wird mit dieser Gewohnheit erfüllt werden? Darin liegt das verborgene Geheimnis der großen Taten des Menschen. In dem Maße, wie ich die Worte mir täglich wiederhole, werden sie Teile meines tätigen Lebens. Aber wichtiger noch ist: Sie werden Eingang finden in meine Seele, die geheimnisvolle Quelle meiner Gedanken und meiner Träume, aus der oft Taten erwachsen, die ich mir nicht erklären kann. Und je mehr diese Rollen in die geheimen Kammern meiner Seele eindringen, desto wacher und stärker werde ich mich des Morgens erheben, zu einem Leben, das ich zuvor nie kannte. Meine Lebenskraft wird wachsen, mein Eifer wird sich verdoppeln, mein Drang in die Welt hinaus wird alle Angst überwinden, die bisher beim Sonnenaufgang über mich kam. Ich werde zu neuem, ungekannten Glück erstehen in dieser Welt der Furcht und der Sorgen.

In den künftigen Tagen werde ich erkennen, wie meine Taten immer mehr dem Befehl der Schriftrollen gehorchen. Und schon bald werden diese Taten mir leicht sein, denn jede richtige Tat bereitet den Boden für die nächste.

Und siehe, so wird eine neue und gute Gewohnheit geboren. Denn jede Tat wird leicht durch beständige Übung, und sie wird zur Freude. Und wenn es Freude ist, gute Taten zu tun, so ist es auch des Menschen Wesen. Wenn ich beständig gute Taten vollbringe, werden sie zur Gewohnheit und ich werde ihr Sklave. Und da es gute Gewohnheiten sind, unterwerfe ich mich freudig.

Heute beginne ich ein neues Leben.

Und ich leiste mir selbst einen heiligen Eid, daß nichts das Wachstum meines neuen Lebens hemmen soll. Ich werde in meiner Lektüre nicht einen einzigen Tag übergehen, denn dieser Tag kann niemals wiedergewonnen noch durch einen anderen Tag ersetzt werden. Ich darf und werde diese Gewohnheit des täglichen Lesens der Rollen nicht durchbrechen. Denn wahrlich, diese kleine Weile, die die neue Gewohnheit mir täglich abfordert, ist ein geringer Preis für das Glück und den Erfolg, die mir zuteil werden.

Wenn ich die Worte der Schriftrollen lese und wiederlese, werde ich nie der Versuchung erliegen, die Botschaft in ihnen gering zu achten, nur weil sie in einem so schlichten Gewand daherkommt. Tausende von Trauben werden gepreßt, um nur ein Faß Weines zu füllen, und die Schalen und die Kerne werden den Vögeln des Himmels hingeworfen. Ein Gleiches geschieht mit den Früchten der Weisheit von alters her. Vieles wird ausgesondert und in alle Winde verstreut. Nur die reine Wahrheit liegt gekeltert in diesen Worten. Ich will trinken in der vorgeschriebenen Weise und nicht einen Tropfen verschütten. Und den Samen des Erfolgs will ich aufnehmen.

Heute ist meine alte Haut zu Staub geworden. Aufrecht werde ich wandeln unter den Menschen, und sie werden mich nicht erkennen, denn heute wurde ich neu geboren zu einem neuen Leben.

Bevor Sie jetzt weiterlesen, gehen Sie die Schriftrolle noch einmal durch. Sie enthält einen wichtigen Abschnitt, den Sie nach Möglichkeit unterstreichen sollten:

„In dem Maße, wie ich mir täglich diese Worte wiederhole, werden sie Teil meines tätigen Lebens. Aber wichtiger noch ist: Sie werden Eingang finden in meine Seele, die geheimnisvolle Quelle meiner Gedanken und meiner Träume, aus der oft Taten erwachsen, die ich mir nicht erklären kann.“

In unserer heutigen Sprache ausgedrückt, bedeutet dieser Schlüsselsatz, daß Sie ein autogenes Training machen. Sie prägen neue Relaisschaltungen und Transistoren in Ihrem Unterbewußtsein, dieser „Kontrollinstanz", die in geheimnisvoller Weise Ihre Handlungen und Wünsche dirigiert. Das ist gar keine Hexerei. Unter den Prominenten und Erfolgreichen sind heute viele, die sich laufend auf diese Weise „programmieren", so daß sie in den verschiedensten Situationen so reagieren, wie es jeweils am vorteilhaftesten ist. W. Clement Stone, Milliardär und Vorstandsvorsitzender der Combined Insurance Company of America und einer der hervorragendsten Motivationsexperten dieses Landes, benutzte diese Technik und erarbeitete sich ein persönliches Vermögen von über 400 Millionen Dollar.

Vielleicht haben Sie Ihr Ziel nicht ganz so hoch gesteckt — aber gehen wir an den Start!

3. Kapitel

Der Ski-Abfahrtslauf ist ein Kampf des Einzelnen gegen die Umwelt — und gegen die Zeit. Ich habe immer größtes Mitgefühl mit den Verlierern, denn nur ein unendlich kleiner Zeitabschnitt macht den Unterschied zwischen den Gewinnern und den „Mitläufern" aus.

Für den Gewinner stoppt man beispielsweise 1,3722 sec. Der Zweite liegt bei 1,3725 sec. Der Unterschied zwischen dem Champion und einem Mit-Läufer beträgt also drei Zehntausendstel einer Sekunde! So schnell können wir nicht einmal mit den Augen blinzeln.

Was ist nun aber wirklich für den Unterschied zwischen dem Champion und dem Mit-Läufer verantwortlich? Ein Glücksmotiv? Vielleicht. Aber vielleicht hat der Champion einfach ein bißchen mehr trainiert — ein bißchen härter und ein bißchen länger. Vielleicht hat der Champion an einer schlechten Gewohnheit gearbeitet — so eintönig und zäh diese Arbeit auch ist —, bis sie aus seinem Verhaltensrepertoire getilgt war. Und dies hat ihm möglicherweise den Vorsprung von einem Bruchteil einer Sekunde eingebracht — genug, um Gewinner zu sein.

Und nun zu Ihnen. Lassen Sie uns gleich zu Anfang feststellen, daß Sie einige oder sogar viele schlechte Gewohnheiten haben. Und Sie kennen sie genau — vielleicht Faulheit, Trägheit, Schlappheit, Sich-Gehenlassen, Launenhaftigkeit oder mangelndes Durchhaltevermögen. Sie können sicher die Liste um einige Punkte verlängern. Und Sie sind sich sicher auch im Klaren darüber, daß Sie nicht sehr weit kommen werden, solange diese schlechten Gewohnheiten Ihnen die Piste ruinieren.

Einer der größten und einflußreichsten Männer in Amerika war wohl Benjamin Franklin. Er war einfach alles: Wissenschaftler, Autor, Diplomat, Erfinder, Philosoph und ein guter Staatsbürger. Er lernte ganz allein Französisch, Spanisch, Italienisch und Latein. Ohne seine geschickte Führung hätten die Vereinigten Staaten vielleicht nie ihre Unabhängigkeit erreicht.

Aber selbst Benjamin Franklin hatte schlechte Gewohnheiten — und er wußte es. Im Gegensatz zu den meisten anderen Menschen arbeitete er an sich. Erfinderisch wie er war, gab er sich eine „Zauberformel", mit der er seine schlechten Gewohnheiten angehen wollte. Zuerst listete er die dreizehn Tugenden auf, die seiner Meinung nach für den Erfolgreichen unerläßlich sind: Mäßigkeit, Ruhe, Ordnung, Entschlossenheit, Bescheidenheit, Fleiß, Aufrichtigkeit, Gerechtigkeit, Sparsamkeit, Reinlichkeit, Ausgeglichenheit, Keuschheit und Demut.

In seiner großartigen Autobiographie erzählt er, wie er seine Zauberformel einsetzte: „Da ich nun also alle diese Tugenden zu festen Bestandteilen meines Charakters machen wollte, beschloß ich, sie nicht alle gleichzeitig erwerben zu wollen, denn das hätte meine Kräfte zersplittert. Ich wollte mich *nur auf eine Tugend* jeweils konzentrieren. Und wenn ich diese gemeistert hätte, mir eine andere vornehmen und so fort, bis ich die ganze Liste durchgegangen wäre."

Ein anderer Bestandteil in Franklins „Zauberformel" geht zurück auf keinen klugen Rat des Pythagoras: Überprüfe dein Handeln täglich. Und so entwarf er den ersten „Erfolgskalender":

„Ich nahm mir ein Büchlein und reservierte darin jeder Tugend ein Blatt. Und für jeden Tag machte ich eine Spalte und markierte durch einen kleinen Punkt jeden Fehler, den ich bei meiner täglichen Gewissenserforschung fand."

Hat die „Zauberformel" bei diesem großen Mann gewirkt?

Frank Bettger, der einen der wichtigsten Klassiker über Selbstmotivation im Verkauf geschrieben hat, sagt: „Im Alter von 79 Jahren widmete Benjamin Franklin diesem Thema mehr Raum als irgendeinem anderen — 15 Seiten — denn eines war ihm klar: daß er dieser Formel seinen gesamten Erfolg und sein ganzes Glück verdankte."

Franklin selbst schrieb: „Ich hoffe, daß einige meiner Nachkommen meinem Beispiel folgen und Wohlergehen ernten mögen."

Frank Bettger folgte dem Beispiel Franklins, wendete die „Zauberformel" auf seine bis dahin eher mittelmäßige Karriere als Verkäufer an und wurde der führende Versicherungsverkäufer des ganzen Landes.

Ob die „Zauberformel“ auch bei Ihnen wirkt?

Fragen wir jemanden, der aus Erfahrung spricht und auch Erfolge aufzuweisen hat. Fragen wir den Mann, von dem wir anfangs schon gesprochen haben, W. Clement Stone: „Benjamin Franklins Formel hat dazu beigetragen, daß viele Mißerfolge sich in Erfolge umwandelten, dann nämlich, wenn ihr Wert anerkannt, ihre Ratschläge angewendet, ihr Sinn akzeptiert wurde. Jeder kann sie anwenden — Sie auch. Ich kenne keinen, der die Grundsätze der ‚Zauberformel‘ täglich befolgt hat und erfolglos in seinen persönlichen Zielsetzungen geblieben ist. Die Formel liefert die absolute Garantie dafür, daß es ein Rekordjahr für Sie wird, wenn Sie die Regeln täglich befolgen.“

Von den zehn Schriftrollen bis zu Benjamin Franklin ist es ein weiter Weg durch die Jahrhunderte, und dennoch hat sich in den Grundsätzen nichts geändert. Die Zauberformel oder der Erfolgskalender oder wie immer Sie es nennen wollen lebt weiter — als eine vielfach bewiesene und einfache Methode, mit der Sie Ihr Leben ändern können, wenn Sie es nur ernsthaft versuchen. Liegt es nicht letztlich immer an einem selbst?

4. Kapitel

Liegestütz.

Betrachten wir einmal einen Moment lang Liegestütze, danach befassen wir uns dann mit der nächsten Schriftrolle.

Wenn Sie sich jetzt sofort auf den Fußboden begeben würden, — wieviele Liegestütze würden Sie auf Anhieb schaffen? Sechs, zehn, zwölf? Nehmen wir an, Sie schaffen zehn. Wenn Sie nun 14 Tage verstreichen lassen und es dann wieder probieren, wieviele wären es dann? Wahrscheinlich wieder zehn.

Aber angenommen, Sie machen heute zehn Liegestütze und morgen zehn und übermorgen zehn und so weiter — wieviele, glauben Sie, würden Sie dann nach zwei Wochen schaffen? Vielleicht 30, 40, 50 oder noch mehr. Warum? Weil Ihre Schulter- und Armmuskulatur sich bei täglicher Übung kräftigen. Sie bereiten die Muskeln darauf vor, jeden Tag auf eine noch größere Herausforderung zu reagieren. Die tägliche Leistungssteigerung bei den Liegestützen ist nur ein kleines Beispiel dafür, was Sie innerhalb einer bestimmten Zeitspanne vollbringen können, wenn es Ihnen auch heute noch schier unmöglich vorkommt. Sie sind wirklich ein Wunder der Natur, und was für Ihre Muskelzellen gilt, trifft ganz genauso für die kleinen grauen Zellen hinter

Ihrer Stirn zu. Jetzt in diesem Augenblick stehen Sie am Beginn einer Entwicklung, die Ihnen momentan noch unvorstellbar ist.

Sind Sie startbereit?

Gut. Nehmen wir uns noch einmal die Vorschriften aus der „Schriftrolle mit dem Zeichen I" vor. An dem Montag, an dem das Programm für Sie beginnt, werden Sie in der Zeitspanne zwischen dem Aufstehen und dem Aufbruch zur Arbeit die „Schriftrolle mit dem Zeichen II" lesen. Sie finden den Text am Ende dieses Kapitels. Gegen Mittag werden Sie ihn wieder lesen. Das bedeutet also, daß Sie das Buch bei sich haben müssen. Stecken Sie es in Ihre Aktentasche oder legen Sie es sich ins Auto, wenn Sie viel unterwegs sind. Am Abend vor dem Zubettgehen sollen Sie die Schriftrolle ein drittes Mal lesen, dieses Mal jedoch laut. (Vielleicht müssen Sie dieses scheinbar seltsame Verhalten Ihrer Frau erklären, aber da sie sicherlich voll und ganz hinter Ihnen steht, wird sie dafür Verständnis haben.)

Im Anschluß an den Text der Schriftrolle finden Sie Ihren Erfolgskalender für diese und die folgenden vier Wochen. Er soll Ihnen helfen, die Forderung aus der „Schriftrolle mit dem Zeichen I" zu verwirklichen, die besagt, daß jede Schriftrolle 30 Tage lang beständig gelesen, überdacht und aktiv befolgt werden muß.

Der Erfolgskalender ist so angelegt, daß Sie schnell und bequem diese tägliche Selbstbeurteilung ausführen können, die für unser Programm absolut unentbehrlich ist. Auf diese Weise sind in knapper Form alle wichtigen Punkte in Ihr tägliches Leben eingebaut: alle

Tugenden und Vorzüge, alle nützlichen Gewohnheiten und die Kräfte, die Sie erwerben wollen.

Wenn Sie Ihren ersten Arbeitstag hinter sich haben, wenden Sie sich Ihrem Erfolgskalender zu. Zuerst setzen Sie das Tagesdatum im Abschnitt „Montag“ ein. Sodann tragen Sie in dem entsprechenden Kästchen ein, wie oft Sie an diesem Tage die Schriftrolle gelesen haben (eine 3, hoffe ich). Dann lesen Sie den Abschnitt „Gebot der Woche“ und beurteilen, wie gut Sie die Forderungen der Schriftrolle im Laufe dieses Tages erfüllt haben. Geben Sie sich die Note 1 für „mäßig“, 2 für „ziemlich gut“, 3 für „gut“ und 4 für „ausgezeichnet“. Seien Sie ehrlich mit sich. Schreiben Sie die Note in das entsprechende Kästchen und zählen Sie dann die beiden Zahlen in den Kästchen zusammen. Das bestmögliche Ergebnis wäre 7. Diese Ziffer dient zur täglichen und wöchentlichen Kontrolle Ihrer Bemühungen und Ihrer Leistungen.

Das Verfahren setzen Sie nun während der nächsten vier Arbeitstage fort. Dann schreiben Sie die Gesamtsumme der einzelnen Tagesergebnisse in das vorgesehene Wochenkästchen. In der nächsten Woche geht es genauso weiter, fünf Wochen lang. Danach beginnt ein neues Kapitel und eine neue Schriftrolle.

Das dürfte doch nicht zu schwierig sein, oder?

Ich werde Ihnen jetzt ein Geheimnis verraten. Es ist so einfach, daß so mancher sich enttäuscht abwenden würde, vor allem jene, die glauben, was nichts kostet und unkompliziert aussieht, kann nichts wert sein. Aber diese Leute würden ohnehin keine Liegestütze machen, wenn das zum Beispiel das Ziel unseres Programms wäre. Also sollen diese ruhig wegbleiben, wir trauern ihnen nicht nach. Sie werden ihr Leben lang mittelmäßig bleiben.

In den ersten Wochen bereits werden Sie eine stufenweise Veränderung in Ihrem Verhalten und Ihrer Einstellung zur Umwelt feststellen, sei es nun in Ihrer nächsten und vertrauten Umgebung oder bei mehr zufälligen Begegnungen. Sie werden Bemerkungen zu hören bekommen wie: „Was ist denn auf einmal mit Ihnen los?" oder: „So kenne ich Sie ja gar nicht!"

Wenn sich derartige Erlebnisse häufen, werden Sie wissen, daß das Geheimnis der Schriftrolle und die Methode des Erfolgskalenders in Ihnen bereits arbeiten, daß Ihr Unterbewußtsein von neuen Strukturen geprägt wird. Alles dies wird sich mit der Zeit immer mehr festigen, vertiefen und entfalten — Sie haben ein Hoch von ungeahnten Ausmaßen vor sich!

Nun haben wir den ersten Montag vor uns. Ich möchte Sie bitten, die folgenden Worte in sich aufzunehmen und im Gedächtnis zu behalten, wenn Sie diesen wichtigen Tag in Ihrem Leben beginnen:

„Mißerfolg wird niemals diejenigen überkommen, deren Wille zum Erfolg stark genug ist."

Die Schriftrolle mit dem Zeichen II

Ich begrüße diesen Tag aus einem Herzen voller Liebe.

Denn siehe, dies ist das tiefste Geheimnis des Erfolgs in allen Fährnissen des Lebens. Der Muskel des Armes kann den Schild spalten und sogar Leben auslöschen, aber die ungesehene Macht der Liebe kann das Herz des Menschen auftun. Und wenn ich dereinst Meister dieser Kunst bin, werde ich nicht länger mehr ein Bettler auf dem Marktplatz sein. Meine mächtigste Waffe wird die Liebe sein, und keiner, dessen Namen ich anrufen werde, wird dieser Kraft widerstehen können. Meinen Darstellungen mögen sie mißtrauen; den Anblick meines Gesichts mögen sie zurückweisen; gegen meine Taten mögen sie argwöhnen; meine Liebe jedoch wird aller Menschen Herz erweichen, ähnlich der Sonne, deren mächtige Strahlen das kalte Erdreich tauen.

Ich begrüße diesen Tag aus einem Herzen voller Liebe.

Wie werde ich dies vollbringen? Von Stund an werden meine Augen alle Dinge, die da sind, in Liebe erkennen, und ich werde zu neuem Leben geboren werden. Ich will die Sonne lieben, da sie mein Gebein wärmt; doch den Regen will ich lieben, da er meinen Geist reinigt. Ich will das Licht lieben, denn es weist mir den Weg; doch die Dunkelheit der Nacht will ich lieben, da sie mir den Anblick der Sterne gewährt. Willkommen heißen will ich das Glück, denn es erhebt mein Herz; doch erdulden will ich die Trauer, da sie meine Seele aufschließt. Den Lohn meiner Arbeit will ich einnehmen, denn er steht mir rechtens zu; doch begrüßen will ich jedweden Harm, denn er wird mir Prüfung sein.

Ich begrüße diesen Tag aus einem Herzen voller Liebe.

Wie aber wird meine Rede sein? Lobpreisen will ich meine Feinde, und siehe, sie werden mir Freunde sein; meinen Freunden will ich Mut zusprechen, und sie werden meine Brüder sein. Nie soll mein Eifer erlahmen, andere zu rühmen; nie wird mir Erlaubnis gegeben sein, schlechtes Zeugnis zu geben über andere. Wenn mich die Versuchung ankommt, leichtsinnig zu reden, will ich auf meine Zunge beißen; wenn mich der Drang zu lobpreisen ankommt, werde ich es von den Dächern verkünden.

Ist es denn nicht wahr, daß die Vögel des Himmels, die Winde in den Lüften, die Wasser der Erde und alle Kreatur das Lied des Ruhmes ihres Schöpfers singt? Wie könnte ich mich da enthalten, dieses selbe Lied vor seinen Kindern zu singen? Von nun an will ich dieses Geheimnis in mir tragen, und mein Leben wird verwandelt sein.

Ich begrüße diesen Tag aus einem Herzen voller Liebe.

Wie wird aber mein Handeln sein? Ich will alle Menschen, die da leben, lieben, denn ein jeder birgt in sich Schätze, die des Rühmens wert sind, mögen sie auch unserem Auge noch verborgen sein. Niederreißen will ich durch die Kraft der Liebe die Mauern des Haders und der Mißgunst, die um ihre Herzen errichtet sind. Und an ihre Stelle will ich Brücken setzen, über die meine Liebe in ihre Herzen eingehe.

Ich will die Eifrigen lieben, denn sie geben mir ihre Glut ein; lieben will ich jene, die gefehlt haben, denn sie lehren mich ihre Botschaft. Ich will die Herrscher und Könige lieben, denn sie sind Menschen wie ich; lieben will ich die Niedrigen, denn auch in ihnen lebt der göttliche Funke. Ich will die Reichen lieben, denn ihrer ist die Einsamkeit; lieben will ich die Armen und Notleidenden, denn ihrer sind viele. Ich will die Jugend lieben, denn sie trägt die Hoffnung; lieben will ich die Alten, denn sie sind im Besitze der Weisheit. Ich will lieben die Schönen, denn in ihren Augen wohnt Trauer; lieben will ich die Entstellten, denn in ihren Seelen herrscht der Friede.

Ich begrüße diesen Tag aus einem Herzen voller Liebe.

Aber wie werde ich anderen begegnen? Mit Liebe. Denn geradeso wie die Liebe meine Waffe ist, die Herzen der Menschen zu öffnen, so ist sie auch mein Schild gegen die Pfeile des Hasses und die Speere des Zorns. Widerwärtigkeiten und Verzagtheit werden gegen meinen neuen Schild anrennen, und siehe, sie werden sanft, werden wie der Frühlingsregen. Mein Schild wird mir Schutz sein auf dem Marktplatz. Er wird mich erhalten, wenn ich allein stehe. Er wird mich aufrichten in Zeiten der Verzweiflung. In Zeiten des Überschwangs jedoch wird er mich beruhigen. Seine Stärke und Schutzkraft werden anwachsen mit jedem Tage des Gebrauchs, bis daß ich ihn eines Tages von mir werfen kann, und wandeln werde ich unbeschwert unter den Menschen. Sodann wird mein Name weithin über alle Lande erschallen.

Ich begrüße diesen Tag aus einem Herzen voller Liebe.

Aber wie werde ich einem jeden gegenübertreten? Es gibt nur eine Weise: In Stille, und bei mir selbst will ich ihn anreden und ihm sagen: „Ich liebe dich“. Und diese stillen Worte werden aufleuchten im Blicke meiner Augen, sie werden meine Stirne glätten, sie werden das Lächeln auf meine Lippen bringen und in meiner Stimme widerhallen. Und sein Herz wird geöffnet werden. Wo aber sind diejenigen, die da

„Nein“ sagen können zu meinen Waren, so doch ihre Herzen meine Liebe verspüren?

Ich begrüße diesen Tag aus einem Herzen voller Liebe.

Aber am stärksten will ich lieben mich selbst. Denn so werde ich eifrig alle Dinge beachten, die da eingehen in meinen Körper, meinen Geist, meine Seele und mein Herz. Nie will ich säumen, die Bedingungen meines Fleisches zu erfüllen. Stattdessen will ich meinen Körper hegen und pflegen in Reinlichkeit und Mäßigkeit in allen Dingen. Niemals werde ich meinem Geist erlauben, sich dem Bösen und der Verzweiflung zuzuwenden. Erheben will ich ihn stattdessen mit dem Wissen und der Weisheit der Jahrhunderte. Nie soll meine Seele satt und selbstgefällig werden. Nähren will ich sie stattdessen mit Gebet und Meditation. Nie soll mein Herz kleinmütig und bitter sein. Großmütig will ich stattdessen sein, und mein Herz wird die Erde wärmen.

Ich begrüße diesen Tag aus einem Herzen voller Liebe.

Von Stund an will ich alle Menschen lieben, die da leben. Aller Haß ist meinem Blute entronnen, denn es ist nicht die Zeit zu hassen, sondern Zeit zu lieben. In diesem Augenblick tue ich den ersten Schritt, ein Mensch zu werden unter Menschen. Mit der Kraft der Liebe werden meine Geschäfte anwachsen um ein Hundertfaches. Ich werde ein großer Kaufmann sein. Und hätte ich keine anderen Gaben und Talente, so würde ich von der Liebe allein leben. Ohne sie müßte ich verderben, und hätte ich auch alles Wissen und alle Gaben dieser Welt.

Ich begrüße diesen Tag aus einem Herzen voller Liebe, und alles wird mir gelingen.

Erfolgskalender
Erste Woche

Montag, den ....

1. Die Schriftrolle mit dem Zeichen II habe ich gelesen ☐ mal

2. Ich habe den Tag begrüßt aus einem Herzen voller Liebe. Ich habe meine Feinde gepriesen. Ich habe in meinem Herzen jedem, der mir begegnete, gesagt: „Ich liebe dich.“ Ich habe mich selbst geliebt, auf daß mein Körper nicht der Trägheit und mein Geist nicht dem Dunkel und der Verzweiflung anheimfalle.

   Für die Erfüllung dieser Gebote gebe ich mir Note ☐

Gesamtnote ☐

Dienstag, den ....

1. Die Schriftrolle mit dem Zeichen II habe ich gelesen ☐ mal
2. Für die Erfüllung des Gebots der Woche gebe ich mir Note ☐

Gesamtnote ☐

Mittwoch, den ....

1. Die Schriftrolle mit dem Zeichen II habe ich gelesen ☐ mal
2. Für die Erfüllung des Gebots der Woche gebe ich mir Note ☐

Gesamtnote ☐

Donnerstag, den ....

1. Die Schriftrolle mit dem Zeichen II habe ich gelesen ☐ mal
2. Für die Erfüllung des Gebots der Woche gebe ich mir Note ☐

Gesamtnote ☐

Freitag, den ....

1. Die Schriftrolle mit dem Zeichen II habe ich gelesen ☐ mal
2. Für die Erfüllung des Gebots der Woche gebe ich mir Note ☐

Gesamtnote ☐

Gesamtnote der Woche ☐

Wichtige Termine für die Woche

Montag

Dienstag

Mittwoch

Donnerstag

Freitag

Besondere Erfolge dieser Woche

Motto der Woche

Liebe ist nie vergeblich. Wird sie nicht erwidert, so wendet sie sich zu uns zurück, um unser eigenes Herz zu wärmen und zu erheben.

Washington Irving

Erfolgskalender
Zweite Woche

Montag, den ....

1. Die Schriftrolle mit dem Zeichen II habe ich gelesen ☐ mal

2. Ich habe den Tag begrüßt aus einem Herzen voller Liebe. Ich habe meine Feinde gepriesen. Ich habe in meinem Herzen jedem, der mir begegnete, gesagt: „Ich liebe dich.“ Ich habe mich selbst geliebt, auf daß mein Körper nicht der Trägheit und mein Geist nicht dem Dunkel und der Verzweiflung anheimfalle.

   Für die Erfüllung dieser Gebote gebe ich mir Note ☐

Gesamtnote ☐

Dienstag, den ....

1. Die Schriftrolle mit dem Zeichen II habe ich gelesen ☐ mal
2. Für die Erfüllung des Gebots der Woche gebe ich mir Note ☐

Gesamtnote ☐

Mittwoch, den ....

1. Die Schriftrolle mit dem Zeichen II habe ich gelesen ☐ mal
2. Für die Erfüllung des Gebots der Woche gebe ich mir Note ☐

Gesamtnote ☐

Donnerstag, den ....

1. Die Schriftrolle mit dem Zeichen II habe ich gelesen ☐ mal
2. Für die Erfüllung des Gebots der Woche gebe ich mir Note ☐

Gesamtnote ☐

Freitag, den ....

1. Die Schriftrolle mit dem Zeichen II habe ich gelesen ☐ mal
2. Für die Erfüllung des Gebots der Woche gebe ich mir Note ☐

Gesamtnote ☐

Gesamtnote der Woche ☐

Wichtige Termine für die Woche

Montag

Dienstag

Mittwoch

Donnerstag

Freitag

Besondere Erfolge dieser Woche

Motto der Woche

Einem jeden von uns gibt die Liebe die Kraft, Wunder zu tun — wenn wir nur wollen.

Lydia M. Child

Erfolgskalender
Dritte Woche

Montag, den ....

1. Die Schriftrolle mit dem Zeichen II habe ich gelesen ☐ mal

2. Ich habe den Tag begrüßt aus einem Herzen voller Liebe. Ich habe meine Feinde gepriesen. Ich habe in meinem Herzen jedem, der mir begegnete, gesagt: „Ich liebe dich.“ Ich habe mich selbst geliebt, auf daß mein Körper nicht der Trägheit und mein Geist nicht dem Dunkel und der Verzweiflung anheimfalle.

Für die Erfüllung dieser Gebote gebe ich mir Note ☐

Gesamtnote ☐

Dienstag, den ....

1. Die Schriftrolle mit dem Zeichen II habe ich gelesen ☐ mal
2. Für die Erfüllung des Gebots der Woche gebe ich mir Note ☐

Gesamtnote ☐

Mittwoch, den ....

1. Die Schriftrolle mit dem Zeichen II habe ich gelesen ☐ mal
2. Für die Erfüllung des Gebots der Woche gebe ich mir Note ☐

Gesamtnote ☐

Donnerstag, den ....

1. Die Schriftrolle mit dem Zeichen II habe ich gelesen ☐ mal
2. Für die Erfüllung des Gebots der Woche gebe ich mir Note ☐

Gesamtnote ☐

Freitag, den ....

1. Die Schriftrolle mit dem Zeichen II habe ich gelesen ☐ mal
2. Für die Erfüllung des Gebots der Woche gebe ich mir Note ☐

Gesamtnote ☐

Gesamtnote der Woche ☐

Wichtige Termine für die Woche

Montag

Dienstag

Mittwoch

Donnerstag

Freitag

Besondere Erfolge dieser Woche

Motto der Woche

Der Mensch kann sich durch Liebe so verändern, daß man ihn nicht mehr für denselben wiedererkennt.

Terenz

Erfolgskalender
Vierte Woche

Montag, den ....

1. Die Schriftrolle mit dem Zeichen II habe ich gelesen ☐ mal

2. Ich habe den Tag begrüßt aus einem Herzen voller Liebe. Ich habe meine Feinde gepriesen. Ich habe in meinem Herzen jedem, der mir begegnete, gesagt: „Ich liebe dich." Ich habe mich selbst geliebt, auf daß mein Körper nicht der Trägheit und mein Geist nicht dem Dunkel und der Verzweiflung anheimfalle.

   Für die Erfüllung dieser Gebote gebe ich mir Note ☐

Gesamtnote ☐

Dienstag, den ....

1. Die Schriftrolle mit dem Zeichen II habe ich gelesen ☐ mal
2. Für die Erfüllung des Gebots der Woche gebe ich mir Note ☐

Gesamtnote ☐

Mittwoch, den ....

1. Die Schriftrolle mit dem Zeichen II habe ich gelesen ☐ mal
2. Für die Erfüllung des Gebots der Woche gebe ich mir Note ☐

Gesamtnote ☐

Donnerstag, den ....

1. Die Schriftrolle mit dem Zeichen II habe ich gelesen ☐ mal
2. Für die Erfüllung des Gebots der Woche gebe ich mir Note ☐

Gesamtnote ☐

Freitag, den ....

1. Die Schriftrolle mit dem Zeichen II habe ich gelesen ☐ mal
2. Für die Erfüllung des Gebots der Woche gebe ich mir Note ☐

Gesamtnote ☐

Gesamtnote der Woche ☐

Wichtige Termine für die Woche

Montag

Dienstag

Mittwoch

Donnerstag

Freitag

Besondere Erfolge dieser Woche

Motto der Woche

Liebt, und ihr werdet geliebt werden. Die Liebe ist eine mathematische Gleichung, in der beide Seiten sich entsprechen.

Emerson

Erfolgskalender
Fünfte Woche

Montag, den ....

1. Die Schriftrolle mit dem Zeichen II habe ich gelesen ☐ mal

2. Ich habe den Tag begrüßt aus einem Herzen voller Liebe. Ich habe meine Feinde gepriesen. Ich habe in meinem Herzen jedem, der mir begegnete, gesagt: „Ich liebe dich." Ich habe mich selbst geliebt, auf daß mein Körper nicht der Trägheit und mein Geist nicht dem Dunkel und der Verzweiflung anheimfalle.

Für die Erfüllung dieser Gebote gebe ich mir Note ☐

Gesamtnote ☐

Dienstag, den ....

1. Die Schriftrolle mit dem Zeichen II habe ich gelesen ☐ mal
2. Für die Erfüllung des Gebots der Woche gebe ich mir Note ☐

Gesamtnote ☐

Mittwoch, den ....

1. Die Schriftrolle mit dem Zeichen II habe ich gelesen ☐ mal
2. Für die Erfüllung des Gebots der Woche gebe ich mir Note ☐

Gesamtnote ☐

Donnerstag, den ....

1. Die Schriftrolle mit dem Zeichen II habe ich gelesen ☐ mal
2. Für die Erfüllung des Gebots der Woche gebe ich mir Note ☐

Gesamtnote ☐

Freitag, den ....

1. Die Schriftrolle mit dem Zeichen II habe ich gelesen ☐ mal
2. Für die Erfüllung des Gebots der Woche gebe ich mir Note ☐

Gesamtnote ☐

Gesamtnote der Woche ☐

Wichtige Termine für die Woche

Montag

Dienstag

Mittwoch

Donnerstag

Freitag

Besondere Erfolge dieser Woche

Motto der Woche

Es ist eine Pflicht des Mannes, auch die zu lieben, die ihn beleidigen.

Marcus Antonius

5. Kapitel

Sind Sie noch dabei?

Wenn Sie sich unter allen Ihren Mit-Lesern umsehen könnten, würden Sie feststellen müssen, daß die Schar bereits beträchtlich geschrumpft ist. Diejenigen, die schon aufgegeben haben, können sicherlich nicht nur eine Entschuldigung vorbringen, warum sie ihren Erfolgskalender nicht weiterführen. Aber es ist sicher auch kein Zufall, daß dies genau dieselben Leute sind, die bei ihrem letzten Versuch, mehr aus sich zu machen, bereits im Anlauf steckengeblieben sind. Diese Menschen tragen den brennenden Wunsch nach Erfolg in sich — aber den unechten, trügerischen, von dem ich anfangs sprach. Alles leeres Geschwätz — und keine Taten.

Wenn sich Ihr Mitleid für diese Kollegen etwas gelegt hat, werden Sie sich plötzlich klarmachen, daß es so für Sie leichter ist. Die Konkurrenz ist geringer. In seinem großen Standardwerk „I Dare You“ schrieb William Danforth, daß 95 Prozent der Menschen es einfach an der Bereitschaft fehlen lassen, ihre ungenutzten Kapazitäten einzusetzen. Diese überwältigende Mehrheit richtet sich bereitwillig auf der Stufe der Mittelmäßigkeit ein — um dann ihr Pech und die „unglücklichen Umstände“ zu bejammern. Die anderen 5 Prozent aber gehen schnurstracks weiter bis zu den Führungsebenen. Danforth meint diese kleine und durchsetzungsfähige Gruppe von echten Männern (und Frauen) — Sie eingeschlossen —, wenn er sagt:

„Die Zeiten sind vorbei, in denen wir nurmehr unsere erworbenen Besitztümer verteidigen. Von jetzt an sollen Sie sich keine Gedanken mehr darüber machen, ob Sie Ihren Job behalten oder nicht. Soll sich doch eher der Mann, der eine Etage über Ihnen sitzt, Sorgen machen um seinen Job. Von diesem Tage an werden alle falschen und schlechten Dinge hintenan gesetzt. Die richtigen und guten Dinge stehen in Reih und Glied zum Angriff bereit. Ihre Augen sind auf Ihre Stärken gerichtet, nicht auf Ihre Schwächen. Von nun an werden Sie sich am Morgen des Tages überlegen, *wie* man etwas machen kann und nicht, warum dies und das nicht zu machen ist!"

Und von nun an werden Sie die nächsten fünf Wochen lang jeden neuen Tag mit dem Lesen und Aufnehmen der folgenden Grundsätze beginnen:

Die Schriftrolle mit dem Zeichen III

Ich werde beharren, bis daß mir der Sieg zuteil wird.

Im Morgenland prüft man die jungen Rinderbullen für die Kampfarena auf eigene Weise. Ein jeder wird geführt in den Ring, wo er sogleich einen der Lanzenträger angreifen wird, die ihn mit ihren Lanzen stechen. Die Tapferkeit eines jeden Tieres wird sodann sorgfältig erwogen, dergestalt, daß die Anzahl seiner Angriffe wider den Stachel das Maß dessen bildet. Fortan will ich erkennen, daß jeder neue Tag des Lebens mir in gleicher Weise Prüfung ist. Wenn ich beharre, wenn ich zum Angriff gehe, wird der Erfolg mein sein.

Ich werde beharren, bis daß mir der Sieg zuteil wird.

Mein Eingehen in diese Welt war nicht eine Niederlage, noch kreist in meinen Adern das Gift des Fehlschlags. Nicht gehören will ich zu den Schafen, die auf den Stoß des Schäfers warten. Ich bin ein Löwe und nicht geziemt es mir, mit den Schafen zu wandeln und zu ruhen. Ich werde jenen, die da weinen und weheklagen, nicht mein Ohr leihen, denn wahrlich, dieses Übel ist ansteckend. Mögen jene mit den Schafen gehen. Die Schlachtbank der Unterwürfigkeit ist nicht mein Schicksal.

Ich werde beharren, bis daß mir der Sieg zuteil wird.

Der Lohn wartet jeweils am Ende einer Reise, nicht an ihrem Beginn. Mir ward die Weisheit nicht gegeben, zu kennen die Anzahl der Schritte, die mich zu meinem Ziele führen werden. Noch der Tausendste meiner Schritte mag ein Fehlschlag sein, jedoch mag auch das Glück hinter jeder Wegbiegung auf mich warten.

Und unaufhörlich werde ich neue Schritte wagen. Sollte dieser mir nicht zu Nutz und Frommen gereichen, so werde ich einen nächsten Schritt tun. Wahrlich, ein einzelner Schritt zu jeder Zeit ist nicht schwer getan.

Ich werde beharren, bis daß mir der Sieg zuteil wird.

Fortan sollen die Mühen eines jeden Tages für mich nichts anderes sein denn ein Streich meiner Klinge, den ich gegen einen mächtigen Eichenbaum führe. Der erste Streich wird das Holz nicht rühren, noch wird der zweite, noch der dritte. Jeder Schlag für sich mag gering und unbedeutend sein. Dennoch werden auch linkische Streiche in ihrer Menge den Eichbaum taumeln lassen. Ein gleiches wird für meine Mühen des heutigen Tages gelten.

Ich werde sein wie der Regentropfen, der den Felsen auswäscht; die Ameise, die den Tiger verschlingt; der Stern, der die finstere Nacht durchdringt; der Sklave, der die Pyramide errichtet. Bauen werde ich mir meine feste Burg aus ungezählten einzelnen Steinen. Denn ich weiß wohl, daß ich in unaufhörlichem Bemühen jedwedes Ziel erreichen kann.

Ich werde beharren, bis daß mir der Sieg zuteil wird.

In meinem Herzen soll kein Raum sein für die Niederlage, und verbannen will ich aus meinem Munde die Worte „Ich kann nicht“, „Ich höre auf“, „Es ist unmöglich“, „Ich glaube nicht an das gute Ende“, „Ich mache Fehler“, „Ich bin geschlagen“, „Ich bin ohne Hoffnung“. Denn dies ist die Rede der Narren. Ich werde der Verzweiflung ausweichen. Sollte ich aber dennoch dieser Krankheit des Geistes anheimfallen, so werde ich verzweifelt weiterarbeiten. Ich werde mich mühen und plagen und alles ertragen. Nicht erkennen will ich die Hindernisse vor meinem Fuße, denn meine Augen suchen das große Ziel über mir. Denn dessen ist mir Gewißheit: Wo die öde Wüste endet, dort grünt das Gras.

Ich werde beharren, bis daß mir der Sieg zuteil wird.

Ich will in meinem Geiste tragen die uralten Gesetze des Zufalls. Diese will ich mir zunutze machen. Ich will mich fortwährend daran erinnern, daß mit jedem weiteren Fehlschlag das Eintreffen eines günstigen Ereignisses wahrscheinlicher wird. Ein jedes „Nein", das an mein Ohr dringt, bringt mich näher an den Klang des „Ja". Ein jedes Stirnrunzeln, auf das ich treffe, bereitet mein Herz vor auf das Lächeln, das da kommen wird. Ein jedes Unglück, das mir zustößt, birgt in sich den Samen des morgigen Glückes. Notwendig ist mir das Dunkel der Nacht, damit ich das Licht des Tages um so mehr lieben kann. Oft muß ich straucheln und fallen, um nur einmal zu siegen.

Ich werde beharren, bis daß mir der Sieg zuteil wird.

Ich werde es wagen und immer wieder von Neuem ansetzen. Begegnen mir Hindernisse auf meinem Wege, so sollen sie mir nicht mehr sein als kleine Umwege zu meinem großen Ziel, dazu angetan, meine Kräfte zu messen. Ich werde beharren und meine Talente entfalten, gleich dem Seemann, der, wenn er dem Zorn des Sturmes ausgesetzt ist, diesen am Ende bezwingt.

Ich werde beharren, bis daß mir der Sieg zuteil wird.

Fortan will ich eifrig lernen von den Größten meines Handwerks. Am Abend eines jeden Tages, sei er mir günstig oder ungünstig gewesen, will ich mir vornehmen, noch eine weitere Ware zu verkaufen. Wenn meine Gedanken meinem müden Körper Bilder meines Heimes und meiner Ruhestatt vorgaukeln, will ich der Versuchung widerstehen. Ich wage es noch einmal. Ich will den Tag mit einem Sieg beenden. Wenn jedoch diese erste Unternehmung fehlschlägt, werde ich eine neue wagen, bis mir zuletzt der Sieg beschieden sein wird. Nie will ich es dem Tag förderhin erlauben, mir ein Ende des Mißklangs zu bereiten. Und so pflanze ich den Samen des morgigen Glückes. So gewinne ich einen unüberwindlichen Vorsprung vor jenen, die ihr Tagwerk zur festgesetzten Stunde niederlegen. Wenn jene ihren Kampf beenden, wird der meine beginnen, und meine Ernte wird über die Maßen reich sein.

Ich werde beharren, bis daß mir der Sieg zuteil wird.

Mitnichten jedoch soll die Gunst des gestrigen Tages mich heute in Trägheit und Eigenlob einlullen. Denn wahrlich, dies ist der Grundstein jeglichen Mißgeschickes. Vergessen sollen sein die Vorkommnisse des vergangenen Tages, gute wie schlechte. Ich werde die junge Sonne täglich begrüßen in dem Glauben, dies sei der beste Tag in meinem Leben.

So lange noch der Odem in mir lebt, so lange werde ich beharren. Denn mein ist nun eines der größten Geheimnisse des Wohlergehens auf Erden: Beharre, bis daß du siegest.

Ich werde beharren.

Ich werde siegen.

Erfolgskalender
Sechste Woche

Montag, den ....

1. Die Schriftrolle mit dem Zeichen III habe ich gelesen ☐ mal

2. Ich habe mich abseits von den Schafen gehalten, denn deren Weinen und Wehklagen will auch mich ergreifen. Ich habe verneinende und ablehnende Gedanken und Worte gemieden. Ich habe versucht, am Abend vor dem Heimgehen noch einen weiteren Kunden zu gewinnen oder eine zusätzliche Aufgabe zu bewältigen. Ich habe den Tag nicht mit einem Fehlschlag enden lassen.

   Für die Erfüllung dieser Gebote gebe ich mir Note ☐

Gesamtnote ☐

Dienstag, den ....

1. Die Schriftrolle mit dem Zeichen III habe ich gelesen ☐ mal
2. Für die Erfüllung des Gebots der Woche gebe ich mir Note ☐

Gesamtnote ☐

Mittwoch, den ....

1. Die Schriftrolle mit dem Zeichen III habe ich gelesen ☐ mal
2. Für die Erfüllung des Gebots der Woche gebe ich mir Note ☐

Gesamtnote ☐

Donnerstag, den ....

1. Die Schriftrolle mit dem Zeichen III habe ich gelesen ☐ mal
2. Für die Erfüllung des Gebots der Woche gebe ich mir Note ☐

Gesamtnote ☐

Freitag, den ....

1. Die Schriftrolle mit dem Zeichen III habe ich gelesen ☐ mal
2. Für die Erfüllung des Gebots der Woche gebe ich mir Note ☐

Gesamtnote ☐

Gesamtnote der Woche ☐

Wichtige Termine für die Woche

Montag

Dienstag

Mittwoch

Donnerstag

Freitag

Besondere Erfolge dieser Woche

Motto der Woche

Jedes hervorragende Werk ist zunächst unmöglich.

Carlyle

Erfolgskalender
Siebente Woche

Montag, den ....

1. Die Schriftrolle mit dem Zeichen III habe ich gelesen ☐ mal

2. Ich habe mich abseits von den Schafen gehalten, denn deren Weinen und Wehklagen will auch mich ergreifen. Ich habe verneinende und ablehnende Gedanken und Worte gemieden. Ich habe versucht, am Abend vor dem Heimgehen noch einen weiteren Kunden zu gewinnen oder eine zusätzliche Aufgabe zu bewältigen. Ich habe den Tag nicht mit einem Fehlschlag enden lassen.

   Für die Erfüllung dieser Gebote gebe ich mir Note ☐

Gesamtnote ☐

Dienstag, den ....

1. Die Schriftrolle mit dem Zeichen III habe ich gelesen ☐ mal
2. Für die Erfüllung des Gebots der Woche gebe ich mir Note ☐

Gesamtnote ☐

Mittwoch, den ....

1. Die Schriftrolle mit dem Zeichen III habe ich gelesen ☐ mal
2. Für die Erfüllung des Gebots der Woche gebe ich mir Note ☐

Gesamtnote ☐

Donnerstag, den ....

1. Die Schriftrolle mit dem Zeichen III habe ich gelesen ☐ mal
2. Für die Erfüllung des Gebots der Woche gebe ich mir Note ☐

Gesamtnote ☐

Freitag, den ....

1. Die Schriftrolle mit dem Zeichen III habe ich gelesen ☐ mal
2. Für die Erfüllung des Gebots der Woche gebe ich mir Note ☐

Gesamtnote ☐

Gesamtnote der Woche ☐

Wichtige Termine für die Woche

Montag

Dienstag

Mittwoch

Donnerstag

Freitag

Besondere Erfolge dieser Woche

Motto der Woche

Die Voraussetzungen des Sieges sind ganz einfach. Wir müssen uns nur ein Weilchen plagen, ein Weilchen durchhalten, immer vertrauen und niemals zurückschauen.

Simms

Erfolgskalender
Achte Woche

Montag, den ....

1. Die Schriftrolle mit dem Zeichen III habe ich gelesen ☐ mal

2. Ich habe mich abseits von den Schafen gehalten, denn deren Weinen und Wehklagen will auch mich ergreifen. Ich habe verneinende und ablehnende Gedanken und Worte gemieden. Ich habe versucht, am Abend vor dem Heimgehen noch einen weiteren Kunden zu gewinnen oder eine zusätzliche Aufgabe zu bewältigen. Ich habe den Tag nicht mit einem Fehlschlag enden lassen.

   Für die Erfüllung dieser Gebote gebe ich mir Note ☐

Gesamtnote ☐

Dienstag, den ....

1. Die Schriftrolle mit dem Zeichen III habe ich gelesen ☐ mal
2. Für die Erfüllung des Gebots der Woche gebe ich mir Note ☐

Gesamtnote ☐

Mittwoch, den ....

1. Die Schriftrolle mit dem Zeichen III habe ich gelesen ☐ mal
2. Für die Erfüllung des Gebots der Woche gebe ich mir Note ☐

Gesamtnote ☐

Donnerstag, den ....

1. Die Schriftrolle mit dem Zeichen III habe ich gelesen ☐ mal
2. Für die Erfüllung des Gebots der Woche gebe ich mir Note ☐

Gesamtnote ☐

Freitag, den ....

1. Die Schriftrolle mit dem Zeichen III habe ich gelesen ☐ mal
2. Für die Erfüllung des Gebots der Woche gebe ich mir Note ☐

Gesamtnote ☐

Gesamtnote der Woche ☐

Wichtige Termine für die Woche

Montag

Dienstag

Mittwoch

Donnerstag

Freitag

Besondere Erfolge dieser Woche

Motto der Woche

Es gibt einen Grundsatz, dem ich alles verdanke, was ich habe: Mit einer durchschnittlichen Begabung und einem überdurchschnittlichen Durchhaltevermögen kann mann alles erreichen.

T.F. Buxton

Erfolgskalender
Neunte Woche

Montag, den ....

1. Die Schriftrolle mit dem Zeichen III habe ich gelesen ☐ mal

2. Ich habe mich abseits von den Schafen gehalten, denn deren Weinen und Wehklagen will auch mich ergreifen. Ich habe verneinende und ablehnende Gedanken und Worte gemieden. Ich habe versucht, am Abend vor dem Heimgehen noch einen weiteren Kunden zu gewinnen oder eine zusätzliche Aufgabe zu bewältigen. Ich habe den Tag nicht mit einem Fehlschlag enden lassen.

   Für die Erfüllung dieser Gebote gebe ich mir Note ☐

Gesamtnote ☐

Dienstag, den ....

1. Die Schriftrolle mit dem Zeichen III habe ich gelesen ☐ mal
2. Für die Erfüllung des Gebots der Woche gebe ich mir Note ☐

Gesamtnote ☐

Mittwoch, den ....

1. Die Schriftrolle mit dem Zeichen III habe ich gelesen ☐ mal
2. Für die Erfüllung des Gebots der Woche gebe ich mir Note ☐

Gesamtnote ☐

Donnerstag, den ....

1. Die Schriftrolle mit dem Zeichen III habe ich gelesen ☐ mal
2. Für die Erfüllung des Gebots der Woche gebe ich mir Note ☐

Gesamtnote ☐

Freitag, den ....

1. Die Schriftrolle mit dem Zeichen III habe ich gelesen ☐ mal
2. Für die Erfüllung des Gebots der Woche gebe ich mir Note ☐

Gesamtnote ☐

Gesamtnote der Woche ☐

Wichtige Termine für die Woche

Montag

Dienstag

Mittwoch

Donnerstag

Freitag

Besondere Erfolge dieser Woche

Motto der Woche

Ausdauernde Menschen setzen mit ihren Bemühungen da an, wo andere aufgeben.

Edward Eggleston

Erfolgskalender
Zehnte Woche

Montag, den ....

1. Die Schriftrolle mit dem Zeichen III habe ich gelesen ☐ mal

2. Ich habe mich abseits von den Schafen gehalten, denn deren Weinen und Wehklagen will auch mich ergreifen. Ich habe verneinende und ablehnende Gedanken und Worte gemieden. Ich habe versucht, am Abend vor dem Heimgehen noch einen weiteren Kunden zu gewinnen oder eine zusätzliche Aufgabe zu bewältigen. Ich habe den Tag nicht mit einem Fehlschlag enden lassen.

   Für die Erfüllung dieser Gebote gebe ich mir Note ☐

Gesamtnote ☐

Dienstag, den ....

1. Die Schriftrolle mit dem Zeichen III habe ich gelesen ☐ mal
2. Für die Erfüllung des Gebots der Woche gebe ich mir Note ☐

Gesamtnote ☐

Mittwoch, den ....

1. Die Schriftrolle mit dem Zeichen III habe ich gelesen ☐ mal
2. Für die Erfüllung des Gebots der Woche gebe ich mir Note ☐

Gesamtnote ☐

Donnerstag, den ....

1. Die Schriftrolle mit dem Zeichen III habe ich gelesen ☐ mal
2. Für die Erfüllung des Gebots der Woche gebe ich mir Note ☐

Gesamtnote ☐

Freitag, den ....

1. Die Schriftrolle mit dem Zeichen III habe ich gelesen ☐ mal
2. Für die Erfüllung des Gebots der Woche gebe ich mir Note ☐

Gesamtnote ☐

Gesamtnote der Woche ☐

Wichtige Termine für die Woche

Montag

Dienstag

Mittwoch

Donnerstag

Freitag

Besondere Erfolge dieser Woche

Motto der Woche

Kein Weg ist zu lang für den, der bedächtig und stetig voranschreitet, und keine Auszeichnung ist unerreichbar für den, der sich sorgfältig darauf vorbereitet.

Bruyère

6. Kapitel

Es ist doch wirklich nicht schwer, oder?

Wenn Sie bis hierher durchgehalten haben, ist Ihnen das tägliche dreimalige Lesen Ihrer Schriftrolle bereits zur guten Gewohnheit geworden. Und das ist gar nicht weiter verwunderlich — ebensowenig, wie die Tatsache, daß Sie heute hundert Liegestütze machen könnten, wenn Sie vor zehn Wochen mit dem Training begonnen hätten. Was zehn Wochen alles bewirken können...!

Und täglich den Erfolgskalender ausfüllen, das ist doch auch nicht schwer, oder? Es ist so einfach, daß Sie sich mit einer ganz kleinen Ausrede sogar darum drücken könnten — Sie haben zuviel zu tun, oder Sie sind zu müde.

Ist Ihnen eigentlich klar, was Sie für sich selbst bereits geleistet haben, indem Sie die Worte der „Schriftrolle mit dem Zeichen II“ und der „Schriftrolle mit dem Zeichen III“ dreimal täglich gelesen und damit Ihrem Unterbewußtsein eingeprägt haben — jeweils fünf Wochen lang? Zweifellos verständigen Sie sich jetzt besser mit den Menschen in Ihrer Umgebung, Sie haben Reibungspunkte in gewissen Bereichen entschärft. Sie haben Ihr Rückgrat gestärkt, so daß Sie immer neuen Anlauf nehmen können, wo Sie früher schon längst manchmal wie ein geprügelter Hund nach Hause geschlichen wären.

Ihre ganze Persönlichkeit ist freier und offener, Sie sind herzlicher und gewinnender, Sie machen leichter nette Bekanntschaften. Gleichzeitig bleiben Sie jedoch am Ball, bis Sie einen Verkauf abgeschlossen oder anderweitige Aufgaben erledigt haben, Dinge, die Ihnen nicht im Entferntesten gelungen wären, bevor Sie mit diesem Programm begannen. Und darüberhinaus geht es jetzt leichter mit Ihren Verkäufen oder sonstigen Verpflichtungen, weil Sie umgänglicher und liebenswerter geworden sind, und deswegen brauchen Sie gar nicht so oft auf Ihr neugewonnenes Durchhaltevermögen zurückzugreifen. Die Schriftrollen, so werden Sie entdecken, darf man nicht einzeln für sich sehen, sondern als eine Einheit — und so ist es schließlich mit allen neuerarbeiteten Fähigkeiten. Wenn Sie sich auf einem Gebiet verbessern, ziehen alle anderen Bereiche mit. Wenn eine schlechte Gewohnheit abgelegt ist, überwindet man die nächste mit weniger Anstrengung.

Ich sagte Ihnen schon, daß Sie ein Wunder der Natur sind — jetzt beweise ich es Ihnen!

Die Schriftrolle mit dem Zeichen IV

Ich bin das große Wunder des Lebens.

Seit dem Urbeginn der Zeiten ist in der Welt kein anderes Wesen gefunden, das meinen Geist, mein Herz, meine Augen, meine Ohren, meine Hände, mein Haar, meinen Mund besäße. Nicht von denen, die vor mir kamen, nicht von meinen heutigen Mitbürgern, nicht von denen, die da morgen kommen werden, einer. Niemand von allen diesen wird da wandeln und handeln, sprechen und denken in einer Weise, wie ich es tue. Alle Menschen sind meine Brüder, aber ich bin unterschieden von einem jeden unter ihnen. Ich bin ein Lebewesen ohnegleichen.

Obwohl ich zum Königreich der Tiere gehöre, werden tierische Gelüste allein mich nicht zufriedenstellen. In mir brennt ein Feuer, das von ungezählten Generationen auf mich überkommen ist und dessen Brand meinem Geiste ein immerwährender Anreiz ist, mich fortzuentwickeln zu neuen Höhen. Und so wird es sein. Nähren will ich die Flamme der Rastlosigkeit, und künden will ich der Welt meine Weise, die da einzig ist auf Erden.

Niemals wird es einem Menschen gelingen, in gleicher Weise wie ich die Peitsche zu führen, den Meißel anzusetzen, den Schreibstift zu gebrauchen. Niemals wird ein anderer ein Kind hervorbringen wie das meine, und wahrlich, keinem anderen Menschen ist es gegeben, so wie ich Waren zu verkaufen. Fürderhin will ich diese Unterscheidung mir zunutzemachen. Denn meine Andersartigkeit ist ein Schatz, den ich nur zu heben brauche.

Ich bin das große Wunder des Lebens.

Nicht länger will ich in fruchtlosem Streben mich bemühen zu sein wie andere. Stattdessen will ich zum Marktplatz gehen und meine Einzigartigkeit vorstellen. Diese will ich verkünden. So soll es geschehen. Diese will ich verkaufen. Noch in dieser selben Stunde will ich beginnen, meine Unterschiedenheit jedermann erkennbar zu machen, meine Gleichheit jedoch zu verbergen. Ebenso werde ich handeln mit den Waren, die ich verkaufe. Der Handelsmann und seine Ware — beide in Gänze unterschieden von allem anderen, sind von Stolz erfüllt ob dieser Einmaligkeit.

Ich bin das große Wunder des Lebens.

Meine Art ist *rar*, und das, was rar ist, birgt Kostbarkeit. Und so ist es wahr, daß ich kostbar bin. Ich stehe am Ende einer jahrtausendealten Zeit. Demnach bin ich reicher an Körper und Geist als alle Kaiser und Könige und Weisen vor meiner Zeit.

Allein, mein Geist, mein Herz, meine Kräfte und mein Fleisch werden stocken und stehenbleiben, versiegen und verderben, so sie nicht geübt werden. Meine Kräfte überschreiten alle Grenzen. Jedoch nur ein geringer Teil von ihnen steht mir jetzt zu Diensten. Nur einen mageren Teil meiner Muskeln setze ich in Bewegung. Um ein Hundertfaches und gar mehr kann ich die Taten meines gestrigen Tages übertreffen und wahrlich, so werde ich tun und beginnen noch zu dieser Stunde.

Niemals mehr will ich mich zufriedengeben mit den Taten eines gestrigen Tages, noch will ich jemals wieder ausruhen in Eigenlob über zu geringe Taten. Alles, was ich bisher getan habe, kann ich vielfach übertreffen, und so wird es sein. Denn wie könnte es sein, daß das Wunder des Lebens, aus dem ich erstanden bin, gleichsam zuende sei mit meiner Geburt? Wie sollte ich nicht eben dieses Wunder wiedererkennen in meinen Taten des heutigen Tages?

Ich bin das große Wunder des Lebens.

Mein Dasein auf Erden ist nicht von ungefähr. Ich bin in die Welt gestellt zu einem bestimmten Zwecke. Dieser Zweck bedeutet, daß ich gleichsam zu einem Felsen anwachse, nicht, daß ich zu einem Sandkorn schwinde. Alle meine Kräfte will ich fortan einsetzen, damit ich zu dem höchsten und größten aller Berge dieser Erde anwachse. Und ich werde meine Kräfte nicht schonen, bis daß sie zu Ende gehen.

Ausweiten will ich mein Wissen um die Menschheit, um mich selbst und um die Waren, die ich verkaufe, auf daß mein Handel sich vervielfältige. Lernen und arbeiten will ich, und die Worte aus meinem Munde, mit denen ich meine Ware anpreise, sollen prächtig glänzen. Denn siehe, dies ist der Grundstein des Wohlstandes: Wie viele sind nicht hingegangen und haben große Reichtümer erworben durch eine einzige wohlgesetzte Rede vor einem Käufer? Ebenso will ich mich beständig üben in rechtem Betragen und gemessener Haltung in allen Dingen. Denn diese sind der Honig, der die Menschen anlockt.

Ich bin das große Wunder des Lebens.

Anspannen will ich alle meine Kräfte für die Forderungen des jeweiligen Augenblickes, und mein Handeln wird mir dabei helfen, alles andere in diesem Augenblicke zu vergessen. Die Sorgen meines Hauses werde ich im Hause lassen. Nicht denken will ich an Weib und Kinder, derweilen ich auf dem Markte bin, denn es könnte meinen Geist trüben. In meinem Hause aber will ich nicht denken an den Marktplatz und die Geschäfte, denn dies könnte meine Liebe dämpfen. Zurücklassen werde ich die Sorgen des Marktplatzes auf dem Marktplatze.

Dort auf dem Markt gibt es keinen Platz für mein Weib und Kind, noch soll in meinem Haus ein Platz sein für den Markt. Geschieden soll eines vom anderen sein, auf daß ich gebunden bleibe an beide. Geschieden müssen sie sein, soll nicht mein Geschäft zugrundegehen. Dies ist ein uraltes Geheimnis.

Ich bin das große Wunder des Lebens.

Mir sind gegeben worden Augen zum Sehen und Geist zum Denken. Jetzt sehe und erkenne ich ein großes Geheimnis des Lebens: Also sind alle Sorge und Schmerz, alle Mißhelligkeiten und Entmutigung in Tat und Wahrheit verhüllte Geschenke. Allein, ich lasse mich täuschen nicht länger durch ihre Verkleidung, denn meine Augen wurden mir sehend gemacht. Mein Blick dringt durch die täuschenden Hüllen, und ich werde nicht mehr zum Narren gehalten.

Ich bin das große Wunder des Lebens.

Kein Tier, keine Pflanze, kein Wind noch Regen, kein Fels noch Meer hat den selben Ursprung wie ich. Denn in Liebe wurde ich gezeugt und hervorgebracht zu einem Zweck. Diese Weisheit habe ich in den vergangenen Zeiten nicht beachtet, doch von nun an soll sie leuchten wie ein Stern über meinem weiteren Leben.

Ich bin das große Wunder des Lebens.

Das Leben kennt keine Niederlage. Am Ende wird immer das Leben den Sieg davontragen. Ein gleiches wird mir geschehen. Mit jedem Sieg aber wird der kommende Kampf leichter.

Ich werde den Sieg davontragen, ich werde ein großer Kaufmann sein, denn ich bin einzig in meiner Art.

Ich bin das große Wunder des Lebens.

Erfolgskalender
Elfte Woche

Montag, den ....

1. Die Schriftrolle mit dem Zeichen IV habe ich gelesen ☐ mal
2. Ich habe mich aller Selbstzufriedenheit enthalten. Ich habe mindestens einen neuen Vorzug oder eine neue Eigenschaft meiner Ware entdeckt. Ich habe mich bemüht, jedes Verkaufsgespräch besser zu machen als das vorangehende. Ich habe mein Betragen verbessert. Ich habe in meinen Gedanken den Marktplatz geschieden von meinem Heim.

   Für die Erfüllung dieser Gebote gebe ich mir Note ☐

Gesamtnote ☐

Dienstag, den ....

1. Die Schriftrolle mit dem Zeichen IV habe ich gelesen ☐ mal
2. Für die Erfüllung des Gebots der Woche gebe ich mir Note ☐

Gesamtnote ☐

Mittwoch, den ....

1. Die Schriftrolle mit dem Zeichen IV habe ich gelesen ☐ mal
2. Für die Erfüllung des Gebots der Woche gebe ich mir Note ☐

Gesamtnote ☐

Donnerstag, den ....

1. Die Schriftrolle mit dem Zeichen IV habe ich gelesen ☐ mal
2. Für die Erfüllung des Gebots der Woche gebe ich mir Note ☐

Gesamtnote ☐

Freitag, den ....

1. Die Schriftrolle mit dem Zeichen IV habe ich gelesen ☐ mal
2. Für die Erfüllung des Gebots der Woche gebe ich mir Note ☐

Gesamtnote ☐

Gesamtnote der Woche ☐

Wichtige Termine für die Woche

Montag

Dienstag

Mittwoch

Donnerstag

Freitag

Besondere Erfolge dieser Woche

Motto der Woche

Der Mensch ist dasjenige Tier, das sich nicht zufriedengibt mit der Erfüllung der tierischen Bedürfnisse.

Alexander Graham Bell

Erfolgskalender
Zwölfte Woche

Montag, den ....

1. Die Schriftrolle mit dem Zeichen IV habe ich gelesen ☐ mal

2. Ich habe mich aller Selbstzufriedenheit enthalten. Ich habe mindestens einen neuen Vorzug oder eine neue Eigenschaft meiner Ware entdeckt. Ich habe mich bemüht, jedes Verkaufsgespräch besser zu machen als das vorangehende. Ich habe mein Betragen verbessert. Ich habe in meinen Gedanken den Marktplatz geschieden von meinem Heim.

   Für die Erfüllung dieser Gebote gebe ich mir Note ☐

Gesamtnote ☐

Dienstag, den ....

1. Die Schriftrolle mit dem Zeichen IV habe ich gelesen ☐ mal
2. Für die Erfüllung des Gebots der Woche gebe ich mir Note ☐

Gesamtnote ☐

Mittwoch, den ....

1. Die Schriftrolle mit dem Zeichen IV habe ich gelesen ☐ mal
2. Für die Erfüllung des Gebots der Woche gebe ich mir Note ☐

Gesamtnote ☐

Donnerstag, den ....

1. Die Schriftrolle mit dem Zeichen IV habe ich gelesen ☐ mal
2. Für die Erfüllung des Gebots der Woche gebe ich mir Note ☐

Gesamtnote ☐

Freitag, den ....

1. Die Schriftrolle mit dem Zeichen IV habe ich gelesen ☐ mal
2. Für die Erfüllung des Gebots der Woche gebe ich mir Note ☐

Gesamtnote ☐

Gesamtnote der Woche ☐

Wichtige Termine für die Woche

Montag

Dienstag

Mittwoch

Donnerstag

Freitag

Besondere Erfolge dieser Woche

Motto der Woche

Wer die Anatomie studiert, kann nie ein Atheist sein. Die Anlage des menschlichen Körpers und das Zusammenspiel seiner Teile ist so seltsam und unverständlich, daß ich ihn für das größte Wunder der Natur halte.

Lord Herbert

Erfolgskalender
Dreizehnte Woche

Montag, den ....

1. Die Schriftrolle mit dem Zeichen IV habe ich gelesen ☐ mal
2. Ich habe mich aller Selbstzufriedenheit enthalten. Ich habe mindestens einen neuen Vorzug oder eine neue Eigenschaft meiner Ware entdeckt. Ich habe mich bemüht, jedes Verkaufsgespräch besser zu machen als das vorangehende. Ich habe mein Betragen verbessert. Ich habe in meinen Gedanken den Marktplatz geschieden von meinem Heim.

   Für die Erfüllung dieser Gebote gebe ich mir Note ☐

Gesamtnote ☐

Dienstag, den ....

1. Die Schriftrolle mit dem Zeichen IV habe ich gelesen ☐ mal
2. Für die Erfüllung des Gebots der Woche gebe ich mir Note ☐

Gesamtnote ☐

Mittwoch, den ....

1. Die Schriftrolle mit dem Zeichen IV habe ich gelesen ☐ mal
2. Für die Erfüllung des Gebots derLWoche gebe ich mir Note ☐

Gesamtnote ☐

Donnerstag, den ....

1. Die Schriftrolle mit dem Zeichen IV habe ich gelesen ☐ mal
2. Für die Erfüllung des Gebots der Woche gebe ich mir Note ☐

Gesamtnote ☐

Freitag, den ....

1. Die Schriftrolle mit dem Zeichen IV habe ich gelesen ☐ mal
2. Für die Erfüllung des Gebots der Woche gebe ich mir Note ☐

Gesamtnote ☐

Gesamtnote der Woche ☐

Wichtige Termine für die Woche

Montag

Dienstag

Mittwoch

Donnerstag

Freitag

Besondere Erfolge dieser Woche

Motto der Woche

Drei Dinge zeichnen den Hervorragenden aus: Rechtschaffenheit, denn er ist frei von Ängstlichkeit; Weisheit, denn er ist frei von Verwirrung; Kühnheit, denn er ist frei von Furcht.

Konfuzius

Erfolgskalender
Vierzehnte Woche

Montag, den ....

1. Die Schriftrolle mit dem Zeichen IV habe ich gelesen ☐ mal
2. Ich habe mich aller Selbstzufriedenheit enthalten. Ich habe mindestens einen neuen Vorzug oder eine neue Eigenschaft meiner Ware entdeckt. Ich habe mich bemüht, jedes Verkaufsgespräch besser zu machen als das vorangehende. Ich habe mein Betragen verbessert. Ich habe in meinen Gedanken den Marktplatz geschieden von meinem Heim.

   Für die Erfüllung dieser Gebote gebe ich mir Note ☐

Gesamtnote ☐

Dienstag, den ....

1. Die Schriftrolle mit dem Zeichen IV habe ich gelesen ☐ mal
2. Für die Erfüllung des Gebots der Woche gebe ich mir Note ☐

Gesamtnote ☐

Mittwoch, den ....

1. Die Schriftrolle mit dem Zeichen IV habe ich gelesen ☐ mal
2. Für die Erfüllung des Gebots der Woche gebe ich mir Note ☐

Gesamtnote ☐

Donnerstag, den ....

1. Die Schriftrolle mit dem Zeichen IV habe ich gelesen ☐ mal
2. Für die Erfüllung des Gebots der Woche gebe ich mir Note ☐

Gesamtnote ☐

Freitag, den ....

1. Die Schriftrolle mit dem Zeichen IV habe ich gelesen ☐ mal
2. Für die Erfüllung des Gebots der Woche gebe ich mir Note ☐

Gesamtnote ☐

Gesamtnote der Woche ☐

Wichtige Termine für die Woche

Montag

Dienstag

Mittwoch

Donnerstag

Freitag

Besondere Erfolge dieser Woche

Motto der Woche

Ich will ein Mann werden, und wenn mir das gelingt, wird mir alles andere auch gelingen.

Garfield

Erfolgskalender
Fünfzehnte Woche

Montag, den ....

1. Die Schriftrolle mit dem Zeichen IV habe ich gelesen ☐ mal

2. Ich habe mich aller Selbstzufriedenheit enthalten. Ich habe mindestens einen neuen Vorzug oder eine neue Eigenschaft meiner Ware entdeckt. Ich habe mich bemüht, jedes Verkaufsgespräch besser zu machen als das vorangehende. Ich habe mein Betragen verbessert. Ich habe in meinen Gedanken den Marktplatz geschieden von meinem Heim.

   Für die Erfüllung dieser Gebote gebe ich mir Note ☐

Gesamtnote ☐

Dienstag, den ....

1. Die Schriftrolle mit dem Zeichen IV habe ich gelesen ☐ mal
2. Für die Erfüllung des Gebots der Woche gebe ich mir Note ☐

Gesamtnote ☐

Mittwoch, den ....

1. Die Schriftrolle mit dem Zeichen IV habe ich gelesen ☐ mal
2. Für die Erfüllung des Gebots der Woche gebe ich mir Note ☐

Gesamtnote ☐

Donnerstag, den ....

1. Die Schriftrolle mit dem Zeichen IV habe ich gelesen ☐ mal
2. Für die Erfüllung des Gebots der Woche gebe ich mir Note ☐

Gesamtnote ☐

Freitag, den ....

1. Die Schriftrolle mit dem Zeichen IV habe ich gelesen ☐ mal
2. Für die Erfüllung des Gebots der Woche gebe ich mir Note ☐

Gesamtnote ☐

Gesamtnote der Woche ☐

Wichtige Termine für die Woche

Montag

Dienstag

Mittwoch

Donnerstag

Freitag

Besondere Erfolge dieser Woche

Motto der Woche

Der Mensch ist die Krone der Schöpfung. Sein Wesen zu studieren, ist die vornehmste Aufgabe in unserem Leben.

Gladstone

7. Kapitel

Nun sind schon fünfzehn Wochen vorüber.

Sie haben ein gutes Stück Weg hinter sich, mein Freund.

Wenn Sie dreimal täglich die Schriftrollen gelesen und sich jeden Abend ein paar Minuten Zeit genommen haben, um Ihr Verhalten des vergangenen Tages zu überdenken — dann sind Sie zweifellos ein ganz anderer Mensch als zu Beginn. Und das Erstaunlichste ist — die Menschen um Sie herum scheinen sich auch verändert zu haben.

Vielleicht verstehen Sie die Zusammenhänge, wenn Sie die folgende kleine Geschichte gelesen haben: Es war in der Zeit, als der amerikanische Westen besiedelt wurde und viele Menschen sich aufmachten, dort eine neue Heimat zu finden. Da stand in einer solchen neugegründeten Stadt ein alter Mann an der Hauptstraße und betrachtete die Neuankömmlinge. Und wenn er gefragt wurde: „Was für Menschen leben hier?“, antwortete er immer mit einer Gegenfrage: „Was für Menschen lebten da, wo du herkommst?“ Wenn der Fremde dann sagte, seine früheren Nachbarn seien fröhliche und nette Leute gewesen, so meinte der alte Mann, in dieser Stadt würde er, der Neue, dieselbe Art finden. Wenn aber der Fremde klagte, daß die Leute in seinem bisherigen Wohnort streitsüchtig und gemein gewesen seien, schüttelte der alte Mann nur traurig sein Haupt und sagte: „Du wirst leider auch hier keine anderen Menschen finden."

Jetzt liegen fünf hochinteressante Wochen vor Ihnen. Ich garantiere Ihnen, sobald Sie anfangen, nach den Geboten der „Schriftrolle mit dem Zeichen V" zu leben, wird man auf Sie aufmerksam werden — Fremde, Freunde und Feinde gleichermaßen.

Henry van Dyke sagte einmal, viele Menschen hätten eine solche Angst vor dem Tod, daß sie sich nicht getrauten zu leben. Von heute an werden Sie sich fünf Wochen lang vorstellen, daß jeder Tag Ihr letzter in diesem Leben sei — und Sie werden sich entsprechend verhalten.

Die Kleinmütigen und Kleingläubigen würden sich in eine Ecke verkriechen und vor Angst vergehen, wenn sie wüßten, daß ihr letzter Tag gekommen ist. Aber da Sie bis hierher durchgehalten haben, hege ich nicht den geringsten Zweifel an der Stärke Ihres Glaubens und der Größe Ihres Mutes.

Vielleicht möchten Sie die Ereignisse der kommenden Wochen zusätzlich schriftlich festhalten, beispielsweise die Reaktion anderer, besonders derer, die in Ihrer betrieblichen „Hackordnung" über Ihnen stehen. Die Erfahrung hat nämlich gezeigt, daß ganz abgesehen von den Wandlungen, die sich bisher in Ihrem Leben begeben haben, in diesen fünf Wochen häufig Konfrontationen mit Vorgesetzten auftauchen, die zu interessanten Entwicklungen führen — wie etwa Beförderungen oder Gehaltserhöhungen.

Jetzt wollen wir aber anfangen mit dieser wichtigen Schriftrolle:

Die Schriftrolle mit dem Zeichen V

Ich will diesen Tag leben, als sei er mein letzter.

Und was soll ich tun mit diesem letzten kostbaren Tag, den ich in meinen Händen halte? Allerserstens will ich versiegeln dieses Behältnis des Lebens, so daß nicht ein einziger Tropfen davon verschüttet werden wird in den Staub. Nicht für die Dauer eines einzigen Lidschlages will ich trauern um die Fehlschläge des gestrigen Tages, noch um seine Niederlagen, sein Weh und Ach, denn warum sollte ich dem Schlechten Gutes hinterherwerfen?

Kann der Sand im Stundenglas aufwärts fließen? Wird die Sonne eines Tages an der Stelle aufgehen, wo sie untergeht und untergehen, wo sie aufgeht? Kann ich die Irrtümer des gestrigen Tages zurückholen und heute ändern? Kann ich die Wunden von gestern ins Heute holen und heilen? Kann ich jemals jünger werden, als ich gestern war? Kann ich ungeschehen machen das Üble, das gesprochen, die Schläge, die getan, den Schmerz, der bereitet wurde? Nein und abermals nein. Das Gestern liegt tot und begraben für alle Zeiten, und ich will nicht mehr daran denken.

Ich will diesen Tag leben, als sei er mein letzter.

Und was also soll ich tun? Vergessen soll sein das Gestern, nicht denken will ich an morgen. Nicht eintauschen will ich ein sicheres „Jetzt“ für ein ungewisses „Vielleicht“. Wie könnte denn im Stundenglas der Sand von morgen vor dem

Sand von heute rinnen? Geht denn die Sonne an einem Tage zweimal auf? Kann ich die morgigen Taten vollbringen, dieweil ich noch auf dem Pfad des Heute wandle? Kann ich das Gold der Zukunft heute in meiner Geldbörse finden? Kann das Kind von morgen heute geboren werden? Kann der morgige Tod seinen Schatten rückwärts werfen und die heutigen Freuden trüben? Sollte ich mich bekümmern um Geschehnisse, deren Zeuge ich nie sein werde? Sollte ich mich grämen um einen Kummer, der mir vielleicht nie zustoßen wird? Nein und abermals nein. Das Morgen liegt begraben zusammen mit dem Gestern, und ich will seiner nicht mehr gedenken.

Ich will diesen Tag leben, als sei er mein letzter.

Dieser Tag ist alles, was ich „mein" nennen kann, und diese Stunden bedeuten mir jetzt eine Ewigkeit. Ich begrüße heute die Sonne mit Jubelrufen gleich einem Gefangenen, der dem Tod entgangen ist. Ich erhebe meine Arme in Dankbarkeit für die unschätzbare Gabe dieses neuen Tages. Und ebenso will ich in Demut an meine Brust schlagen, wenn ich gedenke derer, die da gestern bei Sonnenaufgang die Sonne begrüßten und heute nicht mehr unter den Lebenden weilen. Ich bin wahrhaft glücklich zu preisen, und die Stunden des heutigen Tages sind mir eine unverdiente Gnade. Aus welchem Grunde ist es mir vergönnt, auch diesen Tag noch zu erleben, dieweil andere, Verdienstvollere als ich, bereits dahingegangen sind? Sollte es sein, daß jene ihre Aufgabe schon erfüllt haben, während die meine noch der Bewältigung harret? Ist es mir noch einmal vergönnt, der Mann zu werden, der im Kern ich bin? Steht ein allgewaltiger Wille hinter meinem Leben? Wird dies mein Schicksalstag sein?

Ich will diesen Tag leben, als sei er mein letzter.

Ich habe nur dieses eine Leben, und Leben ist nichts anderes denn ein Maß der Zeit. Vergeude ich die Zeit, so zerstöre ich Leben. Vergeude ich den heutigen Tag, so zerstöre ich die letzte Seite im Buche meines Lebens. Darum will ich lieben jedwede Stunde dieses Tages, denn niemals wird sie wiederkehren. Ich kann sie nicht horten, um sie morgen aufzuzehren, denn wer ist es, der da den Wind fangen könnte? Jeden Augenblick dieses Tages will ich mit beiden Händen ergreifen und liebkosen, denn sein Wert ist jenseits aller Wertschätzung. Gibt es einen Sterbenden, der sich einen weiteren Atemzug erkaufen könnte, und gäbe er gleich all sein Gold dafür hin? Welchen Preis sind mir die kommenden Stunden wert? Ich will sie unbezahlbar machen!

Ich will diesen Tag leben, als sei er mein letzter.

Fliehen will ich mit Zorn die Mörder der Zeit. Faulheit will ich zerstören durch Fleiß; Zweifel will ich begraben unter Glauben; Furcht will ich entwaffnen durch Vertrauen. Meiden will ich die Orte, wo der Müßiggang wohnt; wo die Arbeit ruht, will ich nicht weilen; wo der Körper träge wird, soll mein Fuß mich nicht hintragen. Von Stund an will ich mir sagen, daß Müßiggang Diebstahl ist von Nahrung, Kleidung und Wärme an denen, die ich liebe. Mitnichten bin ich ein Dieb. Ein Mann der Liebe bin ich, und heute ist der Tag, an dem ich meine Liebe und meinen Edelmut zum letzten Mal erweisen kann.

Ich will diesen Tag leben, als sei er mein letzter.

Die Pflichten des heutigen Tages will ich erfüllen noch heute. Meine Kinder will ich herzen und küssen, solange sie jung sind; morgen werden sie mich verlassen, und auch ich werde von ihnen gehen. Heute will ich mein Weib umarmen und liebkosen; denn morgen werden wir geschieden sein. Heute will ich aufrichten einen Freund in Not; denn morgen wird er nicht mehr meiner Hilfe bedürfen, noch werde ich sein Rufen hören. Heute will ich mich selbst opfern auf dem Altar meiner Arbeit; denn morgen werde ich nichts mehr zu geben haben, und nichts werde ich empfangen.

Ich will diesen Tag leben, als sei er mein letzter.

Und so es mein letzter ist, will ich mir ein Denkmal setzen. Diesen Tag will ich zu dem besten in meinem Leben machen. Jeden Augenblick dieses Tages werde ich in vollen Zügen trinken. In Dankbarkeit will ich von seinem Geschmack kosten. Über jede Stunde will ich Rechenschaft geben, und jeden einzelnen Augenblick will ich eintauschen einzig und allein gegen eine Sache von Wert. Ich will mich mühen und arbeiten härter als je zuvor. Plagen will ich meine Muskeln, bis daß sie mich um Einhalt bitten, und dennoch werde ich nicht innehalten. Ich werde heute mehr Menschen ansprechen als je zuvor. Ich werde mehr Waren verkaufen als je zuvor. Jeder Augenblick dieses Tages wird fruchtbarer sein als Stunden eines anderen. Mein letzter Tag wird mein bester sein.

Ich will diesen Tag leben, als sei er mein letzter.

Und ist er es nicht, so will ich auf die Knie fallen in Dankbarkeit.

Erfolgskalender
Sechzehnte Woche

Montag, den ....

1. Die Schriftrolle mit dem Zeichen V habe ich gelesen ☐ mal

2. Ich habe den Morgen begrüßt in Dankbarkeit für die Gnade eines weiteren Lebenstages. Ich habe nicht die Fehler und Niederlagen des gestrigen Tages beklagt. Ich habe keinen Teil meiner kostbaren Zeit an Narreteien verschwendet. Ich habe jeden Menschen mit Behutsamkeit behandelt, so als würde ich ihn nie wiedersehen. Ich habe in Wahrheit diesen Tag gelebt, als sei er mein letzter.

   Für die Erfüllung dieser Gebote gebe ich mir Note ☐

Gesamtnote ☐

Dienstag, den ....

1. Die Schriftrolle mit dem Zeichen V habe ich gelesen ☐ mal
2. Für die Erfüllung des Gebots der Woche gebe ich mir Note ☐

Gesamtnote ☐

Mittwoch, den ....

1. Die Schriftrolle mit dem Zeichen V habe ich gelesen ☐ mal
2. Für die Erfüllung des Gebots der Woche gebe ich mir Note ☐

Gesamtnote ☐

Donnerstag, den ....

1. Die Schriftrolle mit dem Zeichen V habe ich gelesen ☐ mal
2. Für die Erfüllung des Gebots der Woche gebe ich mir Note ☐

Gesamtnote ☐

Freitag, den ....

1. Die Schriftrolle mit dem Zeichen V habe ich gelesen ☐ mal
2. Für die Erfüllung des Gebots der Woche gebe ich mir Note ☐

Gesamtnote ☐

Gesamtnote der Woche ☐

Wichtige Termine für die Woche

Montag

Dienstag

Mittwoch

Donnerstag

Freitag

Besondere Erfolge dieser Woche

Motto der Woche

Das Menschenleben ist wie ein Roman, den jemand schreiben will, und doch schreibt er etwas ganz anderes. Der schwerste Augenblick in seinem Leben ist dann gekommen, wenn er das fertige Buch mit dem vergleichen muß, das er eigentlich schreiben wollte.

James M. Barrie

Erfolgskalender
Siebzehnte Woche

Montag, den ....

1. Die Schriftrolle mit dem Zeichen V habe ich gelesen ☐ mal

2. Ich habe den Morgen begrüßt in Dankbarkeit für die Gnade eines weiteren Lebenstages. Ich habe nicht die Fehler und Niederlagen des gestrigen Tages beklagt. Ich habe keinen Teil meiner kostbaren Zeit an Narreteien verschwendet. Ich habe jeden Menschen mit Behutsamkeit behandelt, so als würde ich ihn nie wiedersehen. Ich habe in Wahrheit diesen Tag gelebt, als sei er mein letzter.

   Für die Erfüllung dieser Gebote gebe ich mir Note ☐

Gesamtnote ☐

Dienstag, den ....

1. Die Schriftrolle mit dem Zeichen V habe ich gelesen ☐ mal
2. Für die Erfüllung des Gebots der Woche gebe ich mir Note ☐

Gesamtnote ☐

Mittwoch, den ....

1. Die Schriftrolle mit dem Zeichen V habe ich gelesen ☐ mal
2. Für die Erfüllung des Gebots der Woche gebe ich mir Note ☐

Gesamtnote ☐

Donnerstag, den ....

1. Die Schriftrolle mit dem Zeichen V habe ich gelesen ☐ mal
2. Für die Erfüllung des Gebots der Woche gebe ich mir Note ☐

Gesamtnote ☐

Freitag, den ....

1. Die Schriftrolle mit dem Zeichen V habe ich gelesen ☐ mal
2. Für die Erfüllung des Gebots der Woche gebe ich mir Note ☐

Gesamtnote ☐

Gesamtnote der Woche ☐

Wichtige Termine für die Woche

Montag

Dienstag

Mittwoch

Donnerstag

Freitag

Besondere Erfolge dieser Woche

Motto der Woche

Angesichts von Geburt und Tod kann man nichts anders tun, als das Dazwischenliegende zu genießen. Erst vor dem dunklen Hintergrund des Todes erscheinen die zarten Farben des Lebens in ihrer ganzen Schönheit.

George Santayana

Erfolgskalender
Achtzehnte Woche

Montag, den ....

1. Die Schriftrolle mit dem Zeichen V habe ich gelesen ☐ mal

2. Ich habe den Morgen begrüßt in Dankbarkeit für die Gnade eines weiteren Lebenstages. Ich habe nicht die Fehler und Niederlagen des gestrigen Tages beklagt. Ich habe keinen Teil meiner kostbaren Zeit an Narreteien verschwendet. Ich habe jeden Menschen mit Behutsamkeit behandelt, so als würde ich ihn nie wiedersehen. Ich habe in Wahrheit diesen Tag gelebt, als sei er mein letzter.

   Für die Erfüllung dieser Gebote gebe ich mir Note ☐

Gesamtnote ☐

Dienstag, den ....

1. Die Schriftrolle mit dem Zeichen V habe ich gelesen ☐ mal
2. Für die Erfüllung des Gebots der Woche gebe ich mir Note ☐

Gesamtnote ☐

Mittwoch, den ....

1. Die Schriftrolle mit dem Zeichen V habe ich gelesen ☐ mal
2. Für die Erfüllung des Gebots der Woche gebe ich mir Note ☐

Gesamtnote ☐

Donnerstag, den ....

1. Die Schriftrolle mit dem Zeichen V habe ich gelesen ☐ mal
2. Für die Erfüllung des Gebots der Woche gebe ich mir Note ☐

Gesamtnote ☐

Freitag, den ....

1. Die Schriftrolle mit dem Zeichen V habe ich gelesen ☐ mal
2. Für die Erfüllung des Gebots der Woche gebe ich mir Note ☐

Gesamtnote ☐

Gesamtnote der Woche ☐

Wichtige Termine für die Woche

Montag

Dienstag

Mittwoch

Donnerstag

Freitag

Besondere Erfolge dieser Woche

Motto der Woche

Wenn ich, was ich oft tue, mir mein bisher genossenes Glück vorstelle, sage ich mir manchmal, daß ich den ganzen Weg, die ganze Karriere, noch einmal vom Anfang bis zum Ende machen würde, wenn man es mir anbieten würde. Alles, was ich verlangen würde, und das sollte das Recht des Autors sein, wären einige Korrekturen in der zweiten Auflage.

Benjamin Franklin

Erfolgskalender
Neunzehnte Woche

Montag, den ....

1. Die Schriftrolle mit dem Zeichen V habe ich gelesen ☐ mal

2. Ich habe den Morgen begrüßt in Dankbarkeit für die Gnade eines weiteren Lebenstages. Ich habe nicht die Fehler und Niederlagen des gestrigen Tages beklagt. Ich habe keinen Teil meiner kostbaren Zeit an Narreteien verschwendet. Ich habe jeden Menschen mit Behutsamkeit behandelt, so als würde ich ihn nie wiedersehen. Ich habe in Wahrheit diesen Tag gelebt, als sei er mein letzter.

   Für die Erfüllung dieser Gebote gebe ich mir Note ☐

Gesamtnote ☐

Dienstag, den ....

1. Die Schriftrolle mit dem Zeichen V habe ich gelesen ☐ mal
2. Für die Erfüllung des Gebots der Woche gebe ich mir Note ☐

Gesamtnote ☐

Mittwoch, den ....

1. Die Schriftrolle mit dem Zeichen V habe ich gelesen ☐ mal
2. Für die Erfüllung des Gebots der Woche gebe ich mir Note ☐

Gesamtnote ☐

Donnerstag, den ....

1. Die Schriftrolle mit dem Zeichen V habe ich gelesen ☐ mal
2. Für die Erfüllung des Gebots der Woche gebe ich mir Note ☐

Gesamtnote ☐

Freitag, den ....

1. Die Schriftrolle mit dem Zeichen V habe ich gelesen ☐ mal
2. Für die Erfüllung des Gebots der Woche gebe ich mir Note ☐

Gesamtnote ☐

Gesamtnote der Woche ☐

Wichtige Termine für die Woche

Montag

Dienstag

Mittwoch

Donnerstag

Freitag

Besondere Erfolge dieser Woche

Motto der Woche

Ich halte den Teil meines Lebens für verloren, den ich nicht im Gespräch mit Gott oder mit guten Taten verbracht habe.

Donne

Erfolgskalender
Zwanzigste Woche

Montag, den ....

1. Die Schriftrolle mit dem Zeichen V habe ich gelesen ☐ mal

2. Ich habe den Morgen begrüßt in Dankbarkeit für die Gnade eines weiteren Lebenstages. Ich habe nicht die Fehler und Niederlagen des gestrigen Tages beklagt. Ich habe keinen Teil meiner kostbaren Zeit an Narreteien verschwendet. Ich habe jeden Menschen mit Behutsamkeit behandelt, so als würde ich ihn nie wiedersehen. Ich habe in Wahrheit diesen Tag gelebt, als sei er mein letzter.

   Für die Erfüllung dieser Gebote gebe ich mir Note ☐

Gesamtnote ☐

Dienstag, den ....

1. Die Schriftrolle mit dem Zeichen V habe ich gelesen ☐ mal
2. Für die Erfüllung des Gebots der Woche gebe ich mir Note ☐

Gesamtnote ☐

Mittwoch, den ....

1. Die Schriftrolle mit dem Zeichen V habe ich gelesen ☐ mal
2. Für die Erfüllung des Gebots der Woche gebe ich mir Note ☐

Gesamtnote ☐

Donnerstag, den ....

1. Die Schriftrolle mit dem Zeichen V habe ich gelesen ☐ mal
2. Für die Erfüllung des Gebots der Woche gebe ich mir Note ☐

Gesamtnote ☐

Freitag, den ....

1. Die Schriftrolle mit dem Zeichen V habe ich gelesen ☐ mal
2. Für die Erfüllung des Gebots der Woche gebe ich mir Note ☐

Gesamtnote ☐

Gesamtnote der Woche ☐

Wichtige Termine für die Woche

Montag

Dienstag

Mittwoch

Donnerstag

Freitag

Besondere Erfolge dieser Woche

Motto der Woche

Sei ein solcher Mann und führe ein solches Leben, daß, wäre ein jeder wie du und führte ein Leben wie das deine, das Paradies auf Erden entstünde.

Phillips Brooks

8. Kapitel

Haben Sie Schwierigkeiten?

Das ist ganz natürlich. Es gibt Tage, an denen Sie sich am liebsten in einer Ecke verkriechen und keinen Menschen sehen wollen. Alles, was Sie anfassen, geht schief. Nichts gelingt Ihnen, Sie verkaufen nicht ein Stück. Was soll das alles, denken Sie. Stimmt's?

Und dann gibt es wieder Tage, an denen läuft einfach alles. Vom dem Moment Ihres Aufwachens an sehen Sie alles durch eine rosarote Brille. Sie genießen jede Minute des Tages. Alles — Verkäufe, Abschlüsse, Übereinkünfte — wird zur Glanzleistung. Alles geht genauso, wie Sie es haben wollen.

Was ist der Grund für Ihre Gefühlsschwankungen? Wir wissen es nicht genau. Vor einiger Zeit hatte ich Gelegenheit, mit Professor Edward R. Dewey zusammenarbeiten zu dürfen, der an der Universität von Pittsburgh verschiedene menschliche Rhythmen oder Kreisläufe untersucht. Mit ihm habe ich ein Buch geschrieben über solche Rhythmen, die auf geheimnisvolle Weise unser Leben beeinflussen.

Einer dieser vielen Rhythmen ist die Stimmungskurve des Menschen. Vor vielen Jahren wurde ebenfalls eine Untersuchung zu diesem Thema an der Universität von Pennsylvania geführt. Professor Rex Hersey stellte dabei fest, daß das Auf und Ab der Stimmungskurve sich über einen durchschnittlichen Zeitraum von fünf Wochen erstreckt. In dieser Zeit bewegt sich die Stimmung eines Normalmenschen von einem regelrechten Hoch abwärts bis zu einem deutlichen Tief — dies ist nach Professor Hersey der gefährlichste Zustand — und wieder hinauf zum positiven Pol.

Fünf Wochen! Vielleicht ist Ihre Stimmungskurve länger oder kürzer, aber Sie sind doch bestimmt auch der Meinung, daß es von großem Vorteil wäre, wenn Sie Ihre Hochs und Tiefs vorausbestimmen könnten. Hier zeige ich Ihnen eine einfache Methode, wie Sie diese wichtige Information über sich selbst bekommen. Legen Sie sich einen solchen Kalender an:

		Monat ______________
		1 2 3 4 5 6 7 8 ... 30
glücklich	+3	
zufrieden	+2	
angenehm	+1	
weder - noch	0	
unangenehm	–1	
unzufrieden	–2	
niedergeschlagen	–3	

Nehmen Sie sich jeden Abend eine Minute Zeit, um Ihre allgemeine Stimmung an diesem Tag zu überdenken. Dann machen Sie ein Kreuzchen an der Stelle, die

Ihnen zutreffend erscheint. Verbinden Sie die Punkte miteinander. Sie werden bald eine Linie erkennen: Ihre persönliche Stimmungskurve. In den meisten Fällen bleibt der Rhythmus immer derselbe. Nach einigen Monaten werden Sie mit erstaunlicher Genauigkeit voraussagen können, wann Ihr nächstes Hoch fällig ist und wann Sie sich innerlich auf das Tief einstellen sollten. Mit dieser Information, dieser Fähigkeit, Ihr zukünftiges Verhalten voraussehen zu können, werden Sie Ihre Aktivitäten entsprechend Ihrer Stimmung steuern können. Wenn Sie gerade in Hochstimmung sind, werden Sie es sich zweimal überlegen müssen, ob Sie schnelle Zusagen machen, unerfüllbare Verpflichtungen eingehen oder unüberlegte Investitionen tätigen. Sie werden ebenso in der Lage sein, Ihre Tiefpunkte zu überwinden, wenn nichts klappen will, denn Sie wissen ja, das geht bald vorüber.

Die „Schriftrolle mit dem Zeichen VI" gibt Ihnen darüberhinaus eine sehr wichtige Tatsache zu bedenken, daß nämlich Ihr Gegenüber — Kunde, Vorgesetzter oder Ehepartner — ebenso seinen Stimmungsrhythmus hat. Sie mögen gerade „oben" sein, aber wenn der andere momentan „unten" ist, haben Sie ein hartes Stück Arbeit vor sich. Das sollte Sie aber nicht entmutigen. In ein paar Tagen wird der andere „oben" sein und Ihnen und Ihren Ideen ganz und gar wohlwollend gegenüberstehen.

Gut, wir haben also Stimmungen — aber wir können in Tief-Perioden nicht einfach zu Hause bleiben, wenn nicht die Hälfte unserer Produktivität brachliegen soll. Was können wir also tun, um leistungsfähig zu bleiben, obwohl wir gerade ein Tief haben?

Jahrhundertelang glaubten die Menschen, daß der Geist den Körper regiert. Dann aber sagte der große Psychologe William James, daß die Handlungen die Gedanken und die Gefühle kontrollieren. Das heißt mit anderen Worten, wenn Sie sich verhalten wie ein glücklicher Mensch, werden Sie sich glücklich fühlen. Wenn Sie Begeisterung zeigen, werden Sie begeistert sein. Wenn Sie sich wie ein gesunder Mensch verhalten, werden Sie sich gesund fühlen. Sie können das Selbstbeeinflussung nennen oder wie immer Sie wollen — ich kann Ihnen nur sagen, daß es funktioniert. Und doch bleibt es den meisten Geschäftsleuten oder Menschen in anderen Lebensbereichen ein ewiges dunkles Rätsel. Von nun an können Sie jeden Tag in Ihrem Leben zu einem ganz großen Tag machen, wenn Sie die folgende Schriftrolle in sich aufnehmen:

Die Schriftrolle mit dem Zeichen VI

Heute werde ich Meister sein meiner Empfindungen.

Gezeiten kommen, Gezeiten gehen. Winter geht, Sommer kommt. Sommer schwindet dahin, und Kälte wächst. Sonne geht auf, Sonne geht unter. Vögel kommen an, Vögel ziehen fort. Blumen blühen, Blumen sterben dahin. Same wird gesät, Ernte wird eingebracht. Alles Leben ist ein Kreislauf von Zuständen, und ich bin ein Teil von ihm. Wie die Gezeiten steigt und fällt mein innerer Zustand.

Heute werde ich Meister sein meiner Empfindungen.

Es ist eine Laune des Lebens, die wir nicht verstehen, daß ich täglich in einer verschiedenen Befindlichkeit bin. Die Freuden von gestern sind die Schmerzen von heute. Die heutigen Schmerzen jedoch werden sein die Freuden des morgigen Tages. In meinem Herzen dreht sich ein Rad unaufhörlich von Trauer zu Jubel, von Überschwang zu Niedergeschlagenheit, von Glück zu Melancholie. So wie die volle Pracht der Blumen morgen welken und vergehen wird, so trägt doch die tote Blume den Samen der neuen Blüte in sich. Und siehe, gleich diesen trägt die Trauer in meinem Herzen den Samen der Freude.

Heute werde ich Meister sein meiner Empfindungen.

Aber wie will ich meine Empfindungen meistern, auf daß jeder Tag reiche Frucht trage? Denn wahrlich, ist mein Befinden nicht recht, so wird auch der Tag zu nichts Gutem führen. Baum und Busch sind in ihrem Werden dem Wetter unterworfen, ich jedoch habe mein Wetter in mir. Bringe ich Regen, Düsternis und Dunkel zu den Menschen, so werde ich Regen, Düsternis und Dunkelheit in ihnen vorfinden, und sie werden nicht von meinen Waren kaufen. Bringe ich aber Freude, Jubel, Glanz und Lachen zu ihnen, so werde ich finden Freude, Jubel, Glanz und Lachen. Die von mir geschaffene Witterung wird reiche Ernte erwirken und einen Kornspeicher voll Goldes.

Heute werde ich Meister sein meiner Empfindungen.

Aber wie werde ich meine Empfindungen meistern, auf daß ein jeder Tag ein glücklicher und reicher Tag sei? Hören will ich das Geheimnis der Vorväter: *Schwach ist jener, der den Gedanken herrschen läßt über das Handeln. Stark ist dieser, der sein Handeln Herr sein läßt über den Gedanken.*

Und so will ich jeden Tag, den mein Auge erblickt, diesem Schlachtplan unterstellen, noch ehe ich gefangengenommen werde von den Kräften der Trauer, des Selbstmitleids und des Fehlschlags.

Wenn ich niedergeschlagen bin, will ich singen.

Wenn ich traurig bin, will ich lachen.

Wenn ich mich unwohl fühle, will ich mein Streben verdoppeln.

Wenn ich ängstlich bin, will ich angreifen.

Wenn ich mich gering fühle, will ich mich in neue Gewänder kleiden.

Wenn ich unsicher bin, will ich laut meine Stimme erheben vor der Welt.

Wenn ich Armut leide, will ich der kommenden Reichtümer gedenken.

Wenn ich fürchte zu unterliegen, will ich mich meines letzten Sieges freuen.

Wenn ich mich unbedeutend fühle, will ich mir meine großen Ziele vor Augen führen.

Heute werde ich Meister sein meiner Empfindungen.

Von dieser Stunde an bin ich dessen gewiß, daß nur diejenigen von minderen Geistesgaben immer zufrieden sind. Ich aber bin nicht gering. Siehe, es werden Tage kommen, an denen mein Kampf gegen die niederen Mächte, die mich herabziehen wollen, endlos erscheinen wird. Die dunklen Kräfte der Verzweiflung und der Traurigkeit sind leicht erkennbar, andere jedoch nähern sich lächelnd und im Gewande der Freundschaft, doch diese können mich ebenfalls zerstören. Daher darf ich auch gegen diese niemals lässig sein:

Wenn Eigenlob mich ankommt, will ich mich meiner Fehler erinnern.
Wenn ich schwelge, will ich mich vergangenen Hungers erinnern.
Wenn ich selbstzufrieden werde, will ich an meine Rivalen denken.
Wenn ich Zeiten der Größe genieße, will ich mir Zeiten der Schande zurückrufen.
Wenn ich mich allmächtig fühle, will ich versuchen, den Wind zu fangen.
Wenn ich große Reichtümer erwerbe, will ich an einen hungrigen Mund denken.
Wenn ich übermäßig stolz werde, will ich mir einen Augenblick meiner Schwäche vorstellen.
Wenn ich glaube, daß kein Mensch mir an Geschicklichkeit gleichkommt, will ich zu den Sternen aufsehen.

Heute werde ich Meister sein meiner Empfindungen.

Mit diesem neuen Wissen aber werde ich verstehen und erkennen die Stimmungen dessen, dem ich gegenübertrete. Ich werde ihm seinen Ärger und seine Reizung zubilligen, denn er kennt nicht das Geheimnis der Herrschaft über seine Empfindungen. Standhalten will ich seinen Spitzen und Schmähungen, denn morgen wird ein anderer sein und eine Freude für seine Mitbrüder.

Nicht länger will ich beurteilen einen Mann nach einer einzigen Begegnung. Nicht länger will ich säumen, denjenigen morgen ein zweites Mal aufzusuchen, der mich heute mit Haß empfängt. Heute wird er nicht kaufen goldene Wagen um einen Heller, morgen jedoch wird er hingeben Haus und Hof für einen Baum. Dieses mein Geheimnis wird mir der Schlüssel sein zu großen Reichtümern.

Heute werde ich Meister sein meiner Empfindungen.

Von Stund an will ich das Rätsel der verschiedenen Stimmungen aller Menschen in mir tragen und erkennen. Fortan will ich meistern jeden neuen Menschen, der des Morgens in mir ersteht. Beherrschen will ich meine Stimmungen durch klare Handlungen. Denn wahrlich, meistere ich meine Empfindungen, so meistere ich auch mein Schicksal.

Heute will ich mein Schicksal meistern, und mein Schicksal ist es, der größte Kaufmann der Welt zu werden.
Ich werde Meister meiner selbst werden.
Ich werde groß sein.

Erfolgskalender
Einundzwanzigste Woche

Montag, den ....

1. Die Schriftrolle mit dem Zeichen VI habe ich gelesen ☐ mal

2. Ich habe alle schlechten Gedanken des Mißlingens und der Trübsal von mir gewiesen, dadurch daß ich meine Handlungen herrschen ließ über meine Gedanken; ich habe oft gelächelt; meine Bewegungen waren geschwind; ich habe meine Stimme erhoben, um mein Selbstvertrauen zu stärken; ich habe Rücksicht genommen auf die Stimmungen anderer; ich habe nicht geduldet, daß Zurücksetzung oder Erschwernisse mir den Tag verdüstern.

   Für die Erfüllung dieser Gebote gebe ich mir Note ☐

Gesamtnote ☐

Dienstag, den ....

1. Die Schriftrolle mit dem Zeichen VI habe ich gelesen ☐ mal
2. Für die Erfüllung des Gebots der Woche gebe ich mir Note ☐

Gesamtnote ☐

Mittwoch, den ....

1. Die Schriftrolle mit dem Zeichen VI habe ich gelesen ☐ mal
2. Für die Erfüllung des Gebots der Woche gebe ich mir Note ☐

Gesamtnote ☐

Donnerstag, den ....

1. Die Schriftrolle mit dem Zeichen VI habe ich gelesen ☐ mal
2. Für die Erfüllung des Gebots der Woche gebe ich mir Note ☐

Gesamtnote ☐

Freitag, den ....

1. Die Schriftrolle mit dem Zeichen VI habe ich gelesen ☐ mal
2. Für die Erfüllung des Gebots der Woche gebe ich mir Note ☐

Gesamtnote ☐

Gesamtnote der Woche ☐

Wichtige Termine für die Woche

Montag

Dienstag

Mittwoch

Donnerstag

Freitag

Besondere Erfolge dieser Woche

Motto der Woche

Wenn du im Leben Erfolg haben willst, mußt du dir deine Chance selbst gestalten. Wer auf die siebente Welle wartet, damit sie ihn an Land wirft, wird sehen, daß die siebente Welle lange auf sich warten läßt. Es gibt keine größere Dummheit, als sich an den Straßenrand zu setzen und auf einen zu warten, der daherkommt und dich einlädt, mit ihm zu Macht und Wohlstand zu fahren.

John B. Gough

Erfolgskalender
Zweiundzwanzigste Woche

Montag, den ....

1. Die Schriftrolle mit dem Zeichen VI habe ich gelesen ☐ mal

2. Ich habe alle schlechten Gedanken des Mißlingens und der Trübsal von mir gewiesen, dadurch daß ich meine Handlungen herrschen ließ über meine Gedanken; ich habe oft gelächelt; meine Bewegungen waren geschwind; ich habe meine Stimme erhoben, um mein Selbstvertrauen zu stärken; ich habe Rücksicht genommen auf die Stimmungen anderer; ich habe nicht geduldet, daß Zurücksetzung oder Erschwernisse mir den Tag verdüstern.

   Für die Erfüllung dieser Gebote gebe ich mir Note ☐

Gesamtnote ☐

Dienstag, den ....

1. Die Schriftrolle mit dem Zeichen VI habe ich gelesen ☐ mal
2. Für die Erfüllung des Gebots der Woche gebe ich mir Note ☐

Gesamtnote ☐

Mittwoch, den ....

1. Die Schriftrolle mit dem Zeichen VI habe ich gelesen ☐ mal
2. Für die Erfüllung des Gebots der Woche gebe ich mir Note ☐

Gesamtnote ☐

Donnerstag, den ....

1. Die Schriftrolle mit dem Zeichen VI habe ich gelesen ☐ mal
2. Für die Erfüllung des Gebots der Woche gebe ich mir Note ☐

Gesamtnote ☐

Freitag, den ....

1. Die Schriftrolle mit dem Zeichen VI habe ich gelesen ☐ mal
2. Für die Erfüllung des Gebots der Woche gebe ich mir Note ☐

Gesamtnote ☐

Gesamtnote der Woche ☐

Wichtige Termine für die Woche

Montag

Dienstag

Mittwoch

Donnerstag

Freitag

Besondere Erfolge dieser Woche

Motto der Woche

Die goldenen Augenblicke im Strom des Lebens rasen vorbei, und es bleibt nur Sand. Engel kommen zu uns, und wir merken es erst, wenn sie gegangen sind.

George Eliot

Erfolgskalender
dreiundzwanzigste Woche

Montag, den ....

1. Die Schriftrolle mit dem Zeichen VI habe ich gelesen ☐ mal

2. Ich habe alle schlechten Gedanken des Mißlingens und der Trübsal von mir gewiesen, dadurch daß ich meine Handlungen herrschen ließ über meine Gedanken; ich habe oft gelächelt; meine Bewegungen waren geschwind; ich habe meine Stimme erhoben, um mein Selbstvertrauen zu stärken; ich habe Rücksicht genommen auf die Stimmungen anderer; ich habe nicht geduldet, daß Zurücksetzung oder Erschwernisse mir den Tag verdüstern.

   Für die Erfüllung dieser Gebote gebe ich mir Note ☐

Gesamtnote ☐

Dienstag, den ....

1. Die Schriftrolle mit dem Zeichen VI habe ich gelesen ☐ mal
2. Für die Erfüllung des Gebots der Woche gebe ich mir Note ☐

Gesamtnote ☐

Mittwoch, den ....

1. Die Schriftrolle mit dem Zeichen VI habe ich gelesen ☐ mal
2. Für die Erfüllung des Gebots der Woche gebe ich mir Note ☐

Gesamtnote ☐

Donnerstag, den ....

1. Die Schriftrolle mit dem Zeichen VI habe ich gelesen ☐ mal
2. Für die Erfüllung des Gebots der Woche gebe ich mir Note ☐

Gesamtnote ☐

Freitag, den ....

1. Die Schriftrolle mit dem Zeichen VI habe ich gelesen ☐ mal
2. Für die Erfüllung des Gebots der Woche gebe ich mir Note ☐

Gesamtnote ☐

Gesamtnote der Woche ☐

Wichtige Termine für die Woche

Montag

Dienstag

Mittwoch

Donnerstag

Freitag

Besondere Erfolge dieser Woche

Motto der Woche

Jeder einzelne hat eine faire Chance, so groß zu werden, wie er möchte.

Jeremy Collier

Erfolgskalender
Vierundzwanzigste Woche

Montag, den ....

1. Die Schriftrolle mit dem Zeichen VI habe ich gelesen ☐ mal

2. Ich habe alle schlechten Gedanken des Mißlingens und der Trübsal von mir gewiesen, dadurch daß ich meine Handlungen herrschen ließ über meine Gedanken; ich habe oft gelächelt; meine Bewegungen waren geschwind; ich habe meine Stimme erhoben, um mein Selbstvertrauen zu stärken; ich habe Rücksicht genommen auf die Stimmungen anderer; ich habe nicht geduldet, daß Zurücksetzung oder Erschwernisse mir den Tag verdüstern.

   Für die Erfüllung dieser Gebote gebe ich mir Note ☐

Gesamtnote ☐

Dienstag, den ....

1. Die Schriftrolle mit dem Zeichen VI habe ich gelesen ☐ mal
2. Für die Erfüllung des Gebots der Woche gebe ich mir Note ☐

Gesamtnote ☐

Mittwoch, den ....

1. Die Schriftrolle mit dem Zeichen VI habe ich gelesen ☐ mal
2. Für die Erfüllung des Gebots der Woche gebe ich mir Note ☐

Gesamtnote ☐

Donnerstag, den ....

1. Die Schriftrolle mit dem Zeichen VI habe ich gelesen ☐ mal
2. Für die Erfüllung des Gebots der Woche gebe ich mir Note ☐

Gesamtnote ☐

Freitag, den ....

1. Die Schriftrolle mit dem Zeichen VI habe ich gelesen ☐ mal
2. Für die Erfüllung des Gebots der Woche gebe ich mir Note ☐

Gesamtnote ☐

Gesamtnote der Woche ☐

Wichtige Termine für die Woche

Montag

Dienstag

Mittwoch

Donnerstag

Freitag

Besondere Erfolge dieser Woche

Motto der Woche

Der kluge Mann hat mehr Chancen, als er real vorfindet.

Bacon

Erfolgskalender
Fünfundzwanzigste Woche

Montag, den ....

1. Die Schriftrolle mit dem Zeichen VI habe ich gelesen ☐ mal

2. Ich habe alle schlechten Gedanken des Mißlingens und der Trübsal von mir gewiesen, dadurch daß ich meine Handlungen herrschen ließ über meine Gedanken; ich habe oft gelächelt; meine Bewegungen waren geschwind; ich habe meine Stimme erhoben, um mein Selbstvertrauen zu stärken; ich habe Rücksicht genommen auf die Stimmungen anderer; ich habe nicht geduldet, daß Zurücksetzung oder Erschwernisse mir den Tag verdüstern.

   Für die Erfüllung dieser Gebote gebe ich mir Note ☐

Gesamtnote ☐

Dienstag, den ....

1. Die Schriftrolle mit dem Zeichen VI habe ich gelesen ☐ mal
2. Für die Erfüllung des Gebots der Woche gebe ich mir Note ☐

Gesamtnote ☐

Mittwoch, den ....

1. Die Schriftrolle mit dem Zeichen VI habe ich gelesen ☐ mal
2. Für die Erfüllung des Gebots der Woche gebe ich mir Note ☐

Gesamtnote ☐

Donnerstag, den ....

1. Die Schriftrolle mit dem Zeichen VI habe ich gelesen ☐ mal
2. Für die Erfüllung des Gebots der Woche gebe ich mir Note ☐

Gesamtnote ☐

Freitag, den ....

1. Die Schriftrolle mit dem Zeichen VI habe ich gelesen ☐ mal
2. Für die Erfüllung des Gebots der Woche gebe ich mir Note ☐

Gesamtnote ☐

Gesamtnote der Woche ☐

Wichtige Termine für die Woche

Montag

Dienstag

Mittwoch

Donnerstag

Freitag

Besondere Erfolge dieser Woche

Motto der Woche

Die tüchtigen Männer sind nicht die, die auf ihre Chance gewartet haben, sondern die, die sie einfach ergriffen haben; die sie belagern; die sie erobern; und die sie zu ihrer Dienerin machen.

E.H. Chapin

9. Kapitel

Stellen Sie sich an eine belebte Straße und schauen Sie in die Gesichter der Menschen.

Wie viele lächeln? Wie viele sehen auch nur zufrieden oder gar glücklich aus? Wir werden allmählich zu einem Land voll düsterer Roboter, die wie blinde Ameisen von hier nach dort rennen, die sich dauernd um irgendetwas Sorgen machen. Ich wünschte, wir hätten eine Statistik über Lächeln und Lachen, denn ich würde gern wissen, wie viele von uns an einem x-beliebigen Tag von morgens bis abends nicht ein einziges Mal lächeln oder lachen.

Wie unsinnig das doch ist! Da schleppen wir uns dahin und tragen die Last des gesamten Universums auf unseren Schultern; und diese Sorgenfalten auf der Stirn brauchten doch auch nicht zu sein. Diese tristen Stimmungen bringen uns sogar um. Dr. James Walsh von der Fordham Universität sagt: „Menschen, die lachen, leben in der Tat länger als solche, die nicht lachen. Nur wenige wissen, daß Gesundheit eindeutig mit der Häufigkeit des Lachens zusammenhängt." Wir haben nicht nur verlernt zu lachen, wir haben auch vergessen, wie wichtig es ist. Unsere Vorfahren ließen im Anschluß an ihre Festmähler Hofnarren und Possenreißer auftreten, weil das Lachen die Verdauung fördert.

Sammy Davis wurde einmal gefragt was er unter „Erfolg" verstehe. Seine Antwort werde ich nie vergessen: „Ich weiß zwar nicht, was Erfolg ist, aber ich weiß, was Mißerfolg ist. Mißerfolg ist, wenn man versucht, jedermann zu gefallen."

Wenn Sie es jedem recht machen wollen und wenn Sie verlernt haben, über andere — und über sich selbst! — zu lachen, dann ist jetzt für Sie der Zeitpunkt gekommen zu sagen: „Schluß damit". Sie sollten sich selbst und die anderen einfach nicht mehr so ernst nehmen. Sie sind ein großartiger und einmaliger Teil der Schöpfung, aber das bedeutet nicht, daß Sie ein Griesgram sein müssen. Das wird Ihnen die folgende Schriftrolle klarmachen:

Die Schriftrolle mit dem Zeichen VII

Ich will lachen über die Welt.

Keine Kreatur, die da lebt, kann lachen; allein der Mensch vermag es. Bäume mögen ihr Blut geben, wenn sie verwundet sind, und die wilden Tiere des Waldes mögen wehklagen vor Hunger oder Schmerzen. Allein der Mensch hat die Gabe des Lachens, und es ist mir gegeben, diese Gabe zu gebrauchen, wann immer mir der Sinn danach steht. Von nun an will ich der Gewohnheit des Lachens frönen. Ich will lächeln, auf daß mir meine Mahlzeit bekömmlicher werde. Ich will schmunzeln, auf daß meine Last leichter werde. Ich will lachen, auf daß mein Leben länger währe. Denn siehe, dies ist das Geheimnis des langen Lebens, das nunmehr mein ist.

Ich will lachen über die Welt.

Am meisten aber will ich lachen über mich selbst, denn den Mann muß man belachen, der sich selbst zu wichtig nimmt. Niemals will ich in diesen Fehler verfallen. Denn wiewohl ich das größte Wunder des Lebens bin, so bleibe ich doch nicht mehr als ein Korn im Wind der Gezeiten. Weiß ich denn, woher ich komme oder wohin ich gehe? Wird meine Sorge um diesen Tag mir nicht närrisch erscheinen zehn Jahre von heute? Warum sollten die geringfügigen Ereignisse dieses Tages mich mit Sorge erfüllen? Was sollte da sein, das nicht ganz und gar unbedeutend erschiene im Flusse der Jahrhunderte?

Ich will lachen über die Welt.

Wie aber kann ich lachen, wenn ich mich gegenübersehe einem Mann oder einer Tat, der oder die mich verletzt, so daß ich gereizt werde zu Tränen oder zu Flüchen? Vier Worte will ich mir einprägen, und sie sollen werden ein Teil von mir und immer dann erscheinen vor meinem Geiste, wenn meine Zuversicht droht, mich zu verlassen. Diese Worte sind überliefert von den Vorvätern, und sie werden mich sicher geleiten durch alle Widerwärtigkeiten und mir das Gleichmaß des Lebens erhalten. Und diese vier Worte lauten: Auch dies wird vergehen.

Ich will lachen über die Welt.

Denn wahrlich, alle Dinge dieser Welt werden vergehen. Wenn mein Herz schwer ist, will ich mich trösten, daß auch dieses vergehen wird. Wenn ich von Stolz geschwellt bin, will ich mich daran gemahnen, daß auch dieses vergeht. Wenn ich befangen bin in Armut, will ich mir sagen, daß sie vergeht. Wahrhaftig, wo ist er, der die Pyramide baute? Liegt er nicht begraben im Stein? Und wird nicht der Tag kommen, an dem die Pyramide unter dem Sand begraben ist? Da alle Dinge vergehen müssen, will ich mich ebenfalls nicht für wichtig über den Tag hinaus halten.

Ich will lachen über die Welt.

In bunten Farben soll mir mein Lachen diesen Tag malen. Den Abend jedoch will ich rahmen mit Gesang. Nicht will ich hart arbeiten, damit ich glücklich werde, vielmehr will ich geschäftig sein, um keine Zeit für einen Gedanken der Trauer zu finden. Genießen will ich heute das Glück dieses Tages, denn es ist nicht gleich dem Korn, das in einem Kasten gelagert werden kann. Es ist nicht gleich dem Wein, der in Schläuchen aufgehoben werden muß. Es kann nicht gespart werden für den Morgen. Es muß an einem Tag gesät und geerntet werden, und so werde ich fortan tun.

Ich will lachen über die Welt.

Und mit meinem Lachen werde ich allen Dingen, die da sind, das ihnen gebührende Gewicht verleihen. Lachen will ich über meine Fehlschläge, und sie werden dahinschwinden in den Wolken neuer Träume. Lachen will ich über das Gelingen, und meine Taten werden zu ihrer angemessenen Größe schrumpfen. Lachen will ich über die Versuchung, und so werde ich nicht verführt werden bis zu meinem Todestage. Lachen will ich über die Güte, und sie wird mir gedeihen im Überfluß. Ich will triumphieren, wenn mein Lächeln das Lächeln der anderen hervorruft. Und dies wird mir zum Eigennutz dienen, denn jene, denen ich zürne, werden mitnichten von meinen Waren kaufen.

Ich will lachen über die Welt.

Von nun an will ich nur noch Tränen des Schweißes vergießen, denn die Tränen der Betrübnis oder des Bedauerns taugen nicht für den Marktplatz. Jedes Lächeln aber kann aufgewogen werden in Gold, und jedes freundliche Wort aus meinem Herzen kann einen Rosengarten zum Erblühen bringen.

Nie werde ich versäumen — und sei ich auch noch so bedeutend, so weise, so erhaben oder so mächtig — über mich und meine Welt zu lachen. Darin will ich immer sein wie die Kinder.

Ich will lachen über die Welt.

Solange ich aber lachen kann, werde ich keine Armut kennen. Denn ich halte in Händen eines der größten Geschenke des Lebens, und ich will es nicht länger verschwenden. Mit Lachen und Freude allein wird der Gewinn mein sein. Damit ich den Gewinn genieße, muß das Glück mir zur Seite sein, und das Lachen soll meine Sklavin sein, die mich bedient beim Festmahle.

Ich werde glücklich sein.
Mir wird der Gewinn zuteil werden.
Ich werde der größte Kaufmann sein, den die Welt jemals gesehen hat.

Erfolgskalender
Sechsundzwanzigste Woche

Montag, den ....

1. Die Schriftrolle mit dem Zeichen VII habe ich gelesen ☐ mal
2. Ich habe gelacht über die Welt und über mich selbst; ich habe meine nichtigen Unternehmungen nicht für zu wichtig genommen; ich habe gelacht über meine Schwierigkeiten, meine Seelenpein, meine Fehlschläge, und sogar meine Erfolge; ich habe diese Sichtweise durchgehalten, indem ich mir immer wieder sagte: „Auch dieses wird vergehen."

Für die Erfüllung dieser Gebote gebe ich mir Note ☐

Gesamtnote ☐

Dienstag, den ....

1. Die Schriftrolle mit dem Zeichen VII habe ich gelesen ☐ mal
2. Für die Erfüllung des Gebots der Woche gebe ich mir Note ☐

Gesamtnote ☐

Mittwoch, den ....

1. Die Schriftrolle mit dem Zeichen VII habe ich gelesen ☐ mal
2. Für die Erfüllung des Gebots der Woche gebe ich mir Note ☐

Gesamtnote ☐

Donnerstag, den ....

1. Die Schriftrolle mit dem Zeichen VII habe ich gelesen ☐ mal
2. Für die Erfüllung des Gebots der Woche gebe ich mir Note ☐

Gesamtnote ☐

Freitag, den ....

1. Die Schriftrolle mit dem Zeichen VII habe ich gelesen ☐ mal
2. Für die Erfüllung des Gebots der Woche gebe ich mir Note ☐

Gesamtnote ☐

Gesamtnote der Woche ☐

Wichtige Termine für die Woche

Montag

Dienstag

Mittwoch

Donnerstag

Freitag

Besondere Erfolge dieser Woche

Motto der Woche

Auf dem Markt ist ein Lachen mehr wert als hundert Seufzer.

Lamb

Erfolgskalender
Siebenundzwanzigste Woche

Montag, den ....

1. Die Schriftrolle mit dem Zeichen VII habe ich gelesen ☐ mal
2. Ich habe gelacht über die Welt und über mich selbst; ich habe meine nichtigen Unternehmungen nicht für zu wichtig genommen; ich habe gelacht über meine Schwierigkeiten, meine Seelenpein, meine Fehlschläge, und sogar meine Erfolge; ich habe diese Sichtweise durchgehalten, indem ich mir immer wieder sagte: „Auch dieses wird vergehen."

Für die Erfüllung dieser Gebote gebe ich mir Note ☐

Gesamtnote ☐

Dienstag, den ....

1. Die Schriftrolle mit dem Zeichen VII habe ich gelesen ☐ mal
2. Für die Erfüllung des Gebots der Woche gebe ich mir Note ☐

Gesamtnote ☐

Mittwoch, den ....

1. Die Schriftrolle mit dem Zeichen VII habe ich gelesen ☐ mal
2. Für die Erfüllung des Gebots der Woche gebe ich mir Note ☐

Gesamtnote ☐

Donnerstag, den ....

1. Die Schriftrolle mit dem Zeichen VII habe ich gelesen ☐ mal
2. Für die Erfüllung des Gebots der Woche gebe ich mir Note ☐

Gesamtnote ☐

Freitag, den ....

1. Die Schriftrolle mit dem Zeichen VII habe ich gelesen ☐ mal
2. Für die Erfüllung des Gebots der Woche gebe ich mir Note ☐

Gesamtnote ☐

Gesamtnote der Woche ☐

Wichtige Termine für die Woche

Montag

Dienstag

Mittwoch

Donnerstag

Freitag

Besondere Erfolge dieser Woche

Motto der Woche

Wenn wir bedenken, wie oft das Lachen uns erleichtert und die Schatten des Trübsinns von uns nimmt, möchte man am liebsten ein recht schlichtes Gemüt behalten, um dieses Vergnügen gebührend genießen zu können.

Addison

Erfolgskalender
Achtundzwanzigste Woche

Montag, den ....

1. Die Schriftrolle mit dem Zeichen VII habe ich gelesen ☐ mal
2. Ich habe gelacht über die Welt und über mich selbst; ich habe meine nichtigen Unternehmungen nicht für zu wichtig genommen; ich habe gelacht über meine Schwierigkeiten, meine Seelenpein, meine Fehlschläge, und sogar meine Erfolge; ich habe diese Sichtweise durchgehalten, indem ich mir immer wieder sagte: „Auch dieses wird vergehen."

   Für die Erfüllung dieser Gebote gebe ich mir Note ☐

Gesamtnote ☐

Dienstag, den ....

1. Die Schriftrolle mit dem Zeichen VII habe ich gelesen ☐ mal
2. Für die Erfüllung des Gebots der Woche gebe ich mir Note ☐

Gesamtnote ☐

Mittwoch, den ....

1. Die Schriftrolle mit dem Zeichen VII habe ich gelesen ☐ mal
2. Für die Erfüllung des Gebots der Woche gebe ich mir Note ☐

Gesamtnote ☐

Donnerstag, den ....

1. Die Schriftrolle mit dem Zeichen VII habe ich gelesen ☐ mal
2. Für die Erfüllung des Gebots der Woche gebe ich mir Note ☐

Gesamtnote ☐

Freitag, den ....

1. Die Schriftrolle mit dem Zeichen VII habe ich gelesen ☐ mal
2. Für die Erfüllung des Gebots der Woche gebe ich mir Note ☐

Gesamtnote ☐

Gesamtnote der Woche ☐

Wichtige Termine für die Woche

Montag

Dienstag

Mittwoch

Donnerstag

Freitag

Besondere Erfolge dieser Woche

Motto der Woche

Der Tag ist ganz und gar verfehlt, an dem wir nicht ein einziges Mal gelacht haben.

Chamfort

Erfolgskalender
Neunundzwanzigste Woche

Montag, den ....

1. Die Schriftrolle mit dem Zeichen VII habe ich gelesen ☐ mal
2. Ich habe gelacht über die Welt und über mich selbst; ich habe meine nichtigen Unternehmungen nicht für zu wichtig genommen; ich habe gelacht über meine Schwierigkeiten, meine Seelenpein, meine Fehlschläge, und sogar meine Erfolge; ich habe diese Sichtweise durchgehalten, indem ich mir immer wieder sagte: „Auch dieses wird vergehen.“

   Für die Erfüllung dieser Gebote gebe ich mir Note ☐

Gesamtnote ☐

Dienstag, den ....

1. Die Schriftrolle mit dem Zeichen VII habe ich gelesen ☐ mal
2. Für die Erfüllung des Gebots der Woche gebe ich mir Note ☐

Gesamtnote ☐

Mittwoch, den ....

1. Die Schriftrolle mit dem Zeichen VII habe ich gelesen ☐ mal
2. Für die Erfüllung des Gebots der Woche gebe ich mir Note ☐

Gesamtnote ☐

Donnerstag, den ....

1. Die Schriftrolle mit dem Zeichen VII habe ich gelesen ☐ mal
2. Für die Erfüllung des Gebots der Woche gebe ich mir Note ☐

Gesamtnote ☐

Freitag, den ....

1. Die Schriftrolle mit dem Zeichen VII habe ich gelesen ☐ mal
2. Für die Erfüllung des Gebots der Woche gebe ich mir Note ☐

Gesamtnote ☐

Gesamtnote der Woche ☐

Wichtige Termine für die Woche

Montag

Dienstag

Mittwoch

Donnerstag

Freitag

Besondere Erfolge dieser Woche

Motto der Woche

Lieber soll ein Narr mich fröhlich machen, als die Wirklichkeit traurig.

Shakespeare

Erfolgskalender
Dreißigste Woche

Montag, den ....

1. Die Schriftrolle mit dem Zeichen VII habe ich gelesen ☐ mal

2. Ich habe gelacht über die Welt und über mich selbst; ich habe meine nichtigen Unternehmungen nicht für zu wichtig genommen; ich habe gelacht über meine Schwierigkeiten, meine Seelenpein, meine Fehlschläge, und sogar meine Erfolge; ich habe diese Sichtweise durchgehalten, indem ich mir immer wieder sagte: „Auch dieses wird vergehen."

Für die Erfüllung dieser Gebote gebe ich mir Note ☐

Gesamtnote ☐

Dienstag, den ....

1. Die Schriftrolle mit dem Zeichen VII habe ich gelesen ☐ mal
2. Für die Erfüllung des Gebots der Woche gebe ich mir Note ☐

Gesamtnote ☐

Mittwoch, den ....

1. Die Schriftrolle mit dem Zeichen VII habe ich gelesen ☐ mal
2. Für die Erfüllung des Gebots der Woche gebe ich mir Note ☐

Gesamtnote ☐

Donnerstag, den ....

1. Die Schriftrolle mit dem Zeichen VII habe ich gelesen ☐ mal
2. Für die Erfüllung des Gebots der Woche gebe ich mir Note ☐

Gesamtnote ☐

Freitag, den ....

1. Die Schriftrolle mit dem Zeichen VII habe ich gelesen ☐ mal
2. Für die Erfüllung des Gebots der Woche gebe ich mir Note ☐

Gesamtnote ☐

Gesamtnote der Woche ☐

Wichtige Termine für die Woche

Montag

Dienstag

Mittwoch

Donnerstag

Freitag

Besondere Erfolge dieser Woche

Motto der Woche

Sei immer fröhlich. Es gibt keinen Weg, der sich nicht bequemer ginge, keine Last, die sich nicht leichter tragen ließe, keinen Schatten der Seele, der sich nicht hinwegheben ließe für den Heiteren.

Willitts

10. Kapitel

Sie haben gut durchgehalten und schon viel erreicht; ich muß Sie wirklich loben.

Ich bin so zufrieden mit Ihnen, daß ich Ihnen jetzt das größte Erfolgsgeheimnis der Welt verraten werde. Ihr oberster Vorgesetzter kennt es — und mit ihm jeder, der es auf seinem Weg bis nach ganz oben geschafft hat. Es sollte eigentlich gar nicht als Geheimnis bezeichnet werden, denn Erfolgreiche sprechen immerzu in aller Öffentlichkeit darüber — *aber niemand hört richtig zu!*

Sie eingeschlossen.

Vielleicht hören Sie aber jetzt zu.

Das größte Erfolgsgeheimnis der Welt ist, daß Sie nur zu einem kleinen, aber erkennbaren Teil besser sein müssen als der Durchschnitt, und Sie haben den Erfolg in der Tasche.

Lesen Sie den Satz noch einmal. Prägen Sie ihn in Ihr Gedächtnis ein und vergessen Sie ihn nie wieder.

Wir leben in einer Welt der Mittelmäßigkeit und mittelmäßiger Menschen. Das ist Ihnen nicht neu. Denken Sie an all die neuen Autos, die nachlässig zusammengepfuscht werden von Menschen, die bei ihrer Arbeit nur gerade das Nötigste tun. Und wie viele Beanstandungen gibt es in frisch fertiggestellten Häusern? Wir sind ständig von Mängeln, Schlamperei und Pfusch umgeben. Charles H. Brower ist einer der heute führenden Manager, und er drückte es so aus: „Wir leben in einer Hochblüte der Mittelmäßigkeit, der Halbheiten und der Stümperei. Niemand fühlt sich mehr verantwortlich. Die Wäscherei bügelt die Hemden nicht mehr, die Kellner bedienen nicht mehr, die Handwerker kommen vielleicht irgendwann einmal vorbei, die Manager sind mit ihren Gedanken auf dem Tennisplatz, die Lehrer geben keine Noten mehr, so daß Leistung nicht mehr belohnt und Faulheit nicht mehr bestraft werden kann, die Studenten belegen nur noch leichte Wahlfächer, denn in den anspruchsvolleren müßten sie nachdenken, und die intellektuellen Schreibtischtäter genießen viel zu viel Freizeit und Freiheiten.

Sie brauchen gar nicht besonders vorzupreschen, um erfolgreich zu sein. Bleiben Sie, wo Sie sind und geben Sie Ihr Bestes, und ohne daß Sie sich auch nur einen Zentimeter vorwärts bewegen, werden Sie bald an der Spitze der Meute liegen. Warum? Weil die anderen alle zurückbleiben! Der Kampf ist zu hart für sie. Sie geben auf und flüchten, und Sie sind am Ball, weil kein anderer mehr da ist. Sie sind die Nummer 1!

Charles Brower fährt fort: „Ich habe sehr viel Zutrauen. Hin und wieder trifft man auf kluge Köpfe, die nicht nur nach der Stechuhr arbeiten. Ich würde ihnen gerne sagen, daß sie sich nicht entmutigen lassen sollen, wenn sie sich von lauter Mittelmäßigkeit umgeben sehen. Sie sollen den Mut nicht sinken lassen, wenn auch die Wellen der Dummheit hoch gehen. Es sind die wenigen Ernsthaften und Verantwortungsvollen, die einer solchen Flut Einhalt gebieten können.“

Ich habe absichtlich so lange gewartet, bis wir zu dieser Stelle im Buch gekommen sind, um Ihnen das Geheimnis mitzuteilen. Und ich habe es absichtlich im Text versteckt, so daß man es bei flüchtigem Durchblättern nicht gleich findet. Diejenigen, die auf der Strecke geblieben sind, beweisen ja nur die Richtigkeit dieser Regel, die sie nie kennenlernen werden. Sie aber sind aus anderem Holz, und Sie sind ein Vermögen wert, wenn Sie die folgende Schriftrolle sorgfältig befolgen:

Die Schriftrolle mit dem Zeichen VIII

Heute will ich meinen Wert um ein Hundertfaches steigern.

Das Blatt des Maulbeerbaumes wird zu feinster Seide, wenn der Geist des Menschen es berührt.
Ein lehmiges Stück Erdboden wird zu einer festen Burg, wenn der Geist des Menschen sich ihm zuwendet.
Der Zypressenbaum wird zu einem kunstvollen Schrein, wenn der Geist des Menschen ihn bearbeitet. Die Wolle des Schafes wird zu einem Königsgewand, wenn der Geist des Menschen sich mit ihr beschäftigt.

Da es dem Blatt, dem Erdboden, dem Zypressenbaum und der Schafswolle gegeben ist, ihren Wert um ein Hundertfaches, ja um ein Tausendfaches zu steigern, kann ich ein gleiches tun mit dem Staub, der jetzt meinen Namen trägt.

Heute will ich meinen Wert um ein Hundertfaches steigern.

Ich bin wie das Weizenkorn, das zwischen drei Wegen zu wählen hat. Es kann in einen Sack gelegt und in einem Stall gelagert werden, bis daß man es den Schweinen zum Fraße gibt. Es kann auch zu Mehl gemahlen werden, auf daß man Brot daraus backe. Es kann aber auch in den Erdboden gelegt werden, auf daß es wachse und gedeihe, bis sein goldenes Haupt aufgehe und tausend Körner aus dem einen erstehen.

Ich bin gleich dem Weizenkorn und doch nicht gleich. Das Korn kann nicht selbst wählen, ob es vor die Schweine geht, zu Mehl gemahlen wird, oder wachsen und gedeihen darf. Ich aber kann wählen, und so soll mein Leben nicht vor die Schweine gehen, noch soll es zermahlen werden unter den Felsen des Mißlingens und der Verzweiflung, auf daß es zerbrochen und verschlungen werde von dem Willen eines anderen.

Heute will ich meinen Wert um ein Hundertfaches steigern.

Damit es wachse und sich vermehre, muß das Weizenkorn in den dunklen Schoß der Erde eingehen, und so sind meine Fehler, meine Betrübnis, mein Unwissen und meine Ungeschicklichkeit die Dunkelheit, in die ich eingehen mußte, um zu reifen. Nun aber, so wie das Weizenkorn sprießt und blüht durch die Kraft von Regen und Sonne und warmem Wind, wird mein Körper und mein Geist genährt werden, auf daß meine Träume wahr werden. Aber der Weizen muß warten auf die Laune des Wetters, bis daß er zu voller Größe heranreifen kann. Ich jedoch muß nicht warten, denn ich habe die Macht, mein eigenes Schicksal zu gestalten.

Heute will ich meinen Wert um ein Hundertfaches steigern.

Und wie wird mir das gelingen? Am Anfang will ich Ziele setzen für den Tag, die Woche, den Mond, das Jahr, mein Leben. So wie der Regen fallen muß, damit der Weizen seine Hülle sprenge und sprieße, so will ich Ziele setzen, damit mein Leben sich entfalten kann. Wenn ich mir ein Ziel setze, so will ich meine besten Taten der Vergangenheit heranziehen und diese um ein Hundertfaches übertreffen. Dies wird das Maß sein, an dem ich mein Leben in Zukunft messen werde. Niemals will ich mich sorgen, daß meine Ziele zu hoch sein könnten, denn ist es nicht besser, wenn ich mit einem Speer nach dem Mond ziele und einen Adler treffe, als wenn ich nach dem Adler ziele und nur einen Stein treffe?

Heute will ich meinen Wert um ein Hundertfaches steigern.

Die Größe meiner Ziele wird mich nicht mit Furcht erfüllen, obgleich ich oftmals straucheln werde, ehe ich sie erreiche. Wenn ich aber strauchele, so will ich mich ohne Säumen wieder erheben, und mein Fallen wird mich nicht länger bekümmern, denn oft fällt der Mensch, bevor er die schützende Burg erreicht. Nur der Wurm braucht sich nicht zu sorgen, ob er strauchelt. Ich jedoch bin nicht wie der Wurm. Ich bin nicht wie die gemeine Zwiebel. Ich bin nicht wie das Schaf. Ich bin ein Mann. Laß andere Höhlen bauen mit ihrem Lehm. Ich aber will bauen eine feste Burg mit dem, was mir gegeben ist.

Heute will ich meinen Wert um ein Hundertfaches steigern.

Und so wie die Sonne die Erde erwärmen muß, damit der Weizensämling gedeihe, so werden die ewigen Worte dieser Schriftrolle mein Leben erwärmen und meine Träume wahr werden lassen. Heute werde ich jedwede Tat übertreffen, die mir gestern gelang. Ich will den Berg des heutigen Tages bis zum äußersten Ende meiner Kräfte erklimmen, und doch will ich morgen noch höher hinaufsteigen als heute. Und der nächste Berg wird sein höher noch als dieser. Nicht von Bedeutung ist es, die Taten anderer zu übertreffen. Meine eigenen Taten sind es, die übertroffen sein müssen.

Heute will ich meinen Wert um ein Hundertfaches steigern.

Und so wie der warme Wind den Weizen zur Reifung bereitet, so wird dieser selbe Wind meine Stimme tragen weit über alle Lande hin, und meine Stimme wird der Menschheit meine Ziele ankündigen. Habe ich sie einmal vor aller Welt ausgerufen, so darf ich es nicht wagen, meine Worte zurückzunehmen, will ich nicht meiner Ehre verlustig gehen. Ich werde sein mein eigener Prophet, und wiewohl andere lachen mögen ob meiner Äußerungen, werden sie mein Vorhaben kennen, und sie werden meine Träume kennen. Und so wird es keine Ausflüchte mehr geben für mich, bis daß meine Worte erfüllt sein werden.

Heute will ich meinen Wert um ein Hundertfaches steigern.

Ich will nicht begehen die große Verfehlung, zu niedrig zu zielen.
Ich will leisten die Arbeit, die der Tagedieb liegen läßt.
Ich will immer mein Verlangen größer als mein Erreichen bleiben lassen.
Ich will mich nie zufriedengeben mit meinen Geschäften auf dem Marktplatze.
Ich will augenblicklich meine Ziele weiter stecken, sobald ich sie erreicht sehe.
Ich will stets streben, die nächste Stunde besser zu machen als die letzte.
Ich will immerdar der Welt meine Ziele verkünden.

Meine vollbrachten Taten jedoch werde ich nicht mitteilen. Stattdessen soll die Welt sich mir nähern in Lobpreis, und möge es mir dann gegeben sein, dies in Demut zu empfangen.

Heute will ich meinen Wert um ein Hundertfaches steigern.

Ein einziges Weizenkorn vermehrt sich und bringt hundert weitere hervor. Vermehren sich diese um ein Hundertfaches, so werden sie sättigen alle Städte dieser Erde. Bin ich nicht noch weit mehr als ein Weizenkorn?

Heute will ich meinen Wert um ein Hundertfaches steigern. Und wenn dies vollbracht sein wird, werde ich dasselbe wieder und wieder tun, und da wird sein Erstaunen und Bestürzung ob meiner Größe, so wie die Worte dieser Schriftrolle sich erfüllen werden.

Erfolgskalender
Einunddreißigste Woche

Montag, den ....

1. Die Schriftrolle mit dem Zeichen VIII habe ich gelesen ☐ mal

2. Ich habe mir Ziele für den heutigen Tag gesteckt, die doppelt so hoch waren wie die Leistungen von gestern; ich habe mich selbst darauf „festgenagelt", indem ich die Ziele vor aller Welt erklärt habe; ich habe mindestens eine Aufgabe übernommen, die ich noch gestern wie die Pest gemieden hätte, und doch bin ich noch immer nicht zufrieden mit meiner heutigen Leistung.

   Für die Erfüllung dieser Gebote gebe ich mir Note ☐

Gesamtnote ☐

Dienstag, den ....

1. Die Schriftrolle mit dem Zeichen VIII habe ich gelesen ☐ mal
2. Für die Erfüllung des Gebots der Woche gebe ich mir Note ☐

Gesamtnote ☐

Mittwoch, den ....

1. Die Schriftrolle mit dem Zeichen VIII habe ich gelesen ☐ mal
2. Für die Erfüllung des Gebots der Woche gebe ich mir Note ☐

Gesamtnote ☐

Donnerstag, den ....

1. Die Schriftrolle mit dem Zeichen VIII habe ich gelesen ☐ mal
2. Für die Erfüllung des Gebots der Woche gebe ich mir Note ☐

Gesamtnote ☐

Freitag, den ....

1. Die Schriftrolle mit dem Zeichen VIII habe ich gelesen ☐ mal
2. Für die Erfüllung des Gebots der Woche gebe ich mir Note ☐

Gesamtnote ☐

Gesamtnote der Woche ☐

Wichtige Termine für die Woche

Montag

Dienstag

Mittwoch

Donnerstag

Freitag

Besondere Erfolge dieser Woche

Motto der Woche

Die Mittelmäßigkeit ist wunderbar in den Augen Mittelmäßiger.

Joubert

Erfolgskalender
Zweiunddreißigste Woche

Montag, den ....

1. Die Schriftrolle mit dem Zeichen VIII habe ich gelesen ☐ mal
2. Ich habe mir Ziele für den heutigen Tag gesteckt, die doppelt so hoch waren wie die Leistungen von gestern; ich habe mich selbst darauf „festgenagelt", indem ich die Ziele vor aller Welt erklärt habe; ich habe mindestens eine Aufgabe übernommen, die ich noch gestern wie die Pest gemieden hätte, und doch bin ich noch immer nicht zufrieden mit meiner heutigen Leistung.

   Für die Erfüllung dieser Gebote gebe ich mir Note ☐

Gesamtnote ☐

Dienstag, den ....

1. Die Schriftrolle mit dem Zeichen VIII habe ich gelesen ☐ mal
2. Für die Erfüllung des Gebots der Woche gebe ich mir Note ☐

Gesamtnote ☐

Mittwoch, den ....

1. Die Schriftrolle mit dem Zeichen VIII habe ich gelesen ☐ mal
2. Für die Erfüllung des Gebots der Woche gebe ich mir Note ☐

Gesamtnote ☐

Donnerstag, den ....

1. Die Schriftrolle mit dem Zeichen VIII habe ich gelesen ☐ mal
2. Für die Erfüllung des Gebots der Woche gebe ich mir Note ☐

Gesamtnote ☐

Freitag, den ....

1. Die Schriftrolle mit dem Zeichen VIII habe ich gelesen ☐ mal
2. Für die Erfüllung des Gebots der Woche gebe ich mir Note ☐

Gesamtnote ☐

Gesamtnote der Woche ☐

Wichtige Termine für die Woche

Montag

Dienstag

Mittwoch

Donnerstag

Freitag

Besondere Erfolge dieser Woche

Motto der Woche

Die höchste Stufe geistiger Entwicklung wird als Wahnsinn gebrandmarkt, ebenso die niedrigste. Nichts außer der Mittelmäßigkeit wird wirklich akzeptiert. Die Mehrheit hat dieses Urteil gefällt, und sie hält alles mit ihren Fangarmen zurück, was in irgendeine Richtung den Rahmen sprengen will.

Pascal

Erfolgskalender
dreiunddreißigste Woche

Montag, den ....

1. Die Schriftrolle mit dem Zeichen VIII habe ich gelesen ☐ mal

2. Ich habe mir Ziele für den heutigen Tag gesteckt, die doppelt so hoch waren wie die Leistungen von gestern; ich habe mich selbst darauf „festgenagelt", indem ich die Ziele vor aller Welt erklärt habe; ich habe mindestens eine Aufgabe übernommen, die ich noch gestern wie die Pest gemieden hätte, und doch bin ich noch immer nicht zufrieden mit meiner heutigen Leistung.

   Für die Erfüllung dieser Gebote gebe ich mir Note ☐

Gesamtnote ☐

Dienstag, den ....

1. Die Schriftrolle mit dem Zeichen VIII habe ich gelesen ☐ mal
2. Für die Erfüllung des Gebots der Woche gebe ich mir Note ☐

Gesamtnote ☐

Mittwoch, den ....

1. Die Schriftrolle mit dem Zeichen VIII habe ich gelesen ☐ mal
2. Für die Erfüllung des Gebots der Woche gebe ich mir Note ☐

Gesamtnote ☐

Donnerstag, den ....

1. Die Schriftrolle mit dem Zeichen VIII habe ich gelesen ☐ mal
2. Für die Erfüllung des Gebots der Woche gebe ich mir Note ☐

Gesamtnote ☐

Freitag, den ....

1. Die Schriftrolle mit dem Zeichen VIII habe ich gelesen ☐ mal
2. Für die Erfüllung des Gebots der Woche gebe ich mir Note ☐

Gesamtnote ☐

Gesamtnote der Woche ☐

Wichtige Termine für die Woche

Montag

Dienstag

Mittwoch

Donnerstag

Freitag

Besondere Erfolge dieser Woche

Motto der Woche

Wer nie mehr tut als das, wofür er bezahlt wird, wird nie für mehr bezahlt, als er tut.

Elbert Hubbard

Erfolgskalender
Vierunddreißigste Woche

Montag, den ....

1. Die Schriftrolle mit dem Zeichen VIII habe ich gelesen ☐ mal

2. Ich habe mir Ziele für den heutigen Tag gesteckt, die doppelt so hoch waren wie die Leistungen von gestern; ich habe mich selbst darauf „festgenagelt", indem ich die Ziele vor aller Welt erklärt habe; ich habe mindestens eine Aufgabe übernommen, die ich noch gestern wie die Pest gemieden hätte, und doch bin ich noch immer nicht zufrieden mit meiner heutigen Leistung.

   Für die Erfüllung dieser Gebote gebe ich mir die Note ☐

Gesamtnote ☐

Dienstag, den ....

1. Die Schriftrolle mit dem Zeichen VIII habe ich gelesen ☐ mal
2. Für die Erfüllung des Gebots der Woche gebe ich mir Note ☐

Gesamtnote ☐

Mittwoch, den ....

1. Die Schriftrolle mit dem Zeichen VIII habe ich gelesen ☐ mal
2. Für die Erfüllung des Gebots der Woche gebe ich mir Note ☐

Gesamtnote ☐

Donnerstag, den ....

1. Die Schriftrolle mit dem Zeichen VIII habe ich gelesen ☐ mal
2. Für die Erfüllung des Gebots der Woche gebe ich mir Note ☐

Gesamtnote ☐

Freitag, den ....

1. Die Schriftrolle mit dem Zeichen VIII habe ich gelesen ☐ mal
2. Für die Erfüllung des Gebots der Woche gebe ich mir Note ☐

Gesamtnote ☐

Gesamtnote der Woche ☐

Wichtige Termine für die Woche

Montag

Dienstag

Mittwoch

Donnerstag

Freitag

Besondere Erfolge dieser Woche

Motto der Woche

Wer zu Auszeichnung gelangt, hat meistens immer nur ein einziges Ziel in seinem Leben verfolgt, denn diese Einseitigkeit ist der Preis des Ruhmes.

Johnson

Erfolgskalender
Fünfunddreißigste Woche

Montag, den ....

1. Die Schriftrolle mit dem Zeichen VIII habe ich gelesen ☐ mal

2. Ich habe mir Ziele für den heutigen Tag gesteckt, die doppelt so hoch waren wie die Leistungen von gestern; ich habe mich selbst darauf „festgenagelt", indem ich die Ziele vor aller Welt erklärt habe; ich habe mindestens eine Aufgabe übernommen, die ich noch gestern wie die Pest gemieden hätte, und doch bin ich noch immer nicht zufrieden mit meiner heutigen Leistung.

   Für die Erfüllung dieser Gebote gebe ich mir Note ☐

Gesamtnote ☐

Dienstag, den ....

1. Die Schriftrolle mit dem Zeichen VIII habe ich gelesen ☐ mal
2. Für die Erfüllung des Gebots der Woche gebe ich mir Note ☐

Gesamtnote ☐

Mittwoch, den ....

1. Die Schriftrolle mit dem Zeichen VIII habe ich gelesen ☐ mal
2. Für die Erfüllung des Gebots der Woche gebe ich mir Note ☐

Gesamtnote ☐

Donnerstag, den ....

1. Die Schriftrolle mit dem Zeichen VIII habe ich gelesen ☐ mal
2. Für die Erfüllung des Gebots der Woche gebe ich mir Note ☐

Gesamtnote ☐

Freitag, den ....

1. Die Schriftrolle mit dem Zeichen VIII habe ich gelesen ☐ mal
2. Für die Erfüllung des Gebots der Woche gebe ich mir Note ☐

Gesamtnote ☐

Gesamtnote der Woche ☐

Wichtige Termine für die Woche

Montag

Dienstag

Mittwoch

Donnerstag

Freitag

Besondere Erfolge dieser Woche

Motto der Woche

Große Menschen haben Willen; kleine haben nur Wünsche.

Chinesisches Sprichwort

11. Kapitel

Wissenschaftler haben uns erzählt, daß unsere schöne Erde sich in ihrer täglichen Drehung verlangsamt. Möglicherweise wird sich dadurch einmal ein 25-Stunden-Tag ergeben — in 1.800.000 Jahrhunderten!

Auf diese zusätzliche Stunde, in der Sie noch mehr Waren verkaufen oder herstellen oder Ihr Einkommen sonstwie erhöhen könnten, sollten Sie nicht warten. Seien wir ehrlich: Wie viele von den 24 Stunden unseres Tages nutzen Sie wirklich sinnvoll?

George Severance, der der Ohio National Life Insurance Company vorsteht, ist einer der hervorragendsten und produktivsten Geschäftsleute im gesamten Versicherungssektor — heute. Aber es gab unfrohe und fast trostlose Tage für ihn, bis er sich eines Tages zusammennahm, wie er hier beschreibt:

„Eines Tages traf mich die Erkenntnis der wahren Höhe meiner Schulden wie ein Keulenschlag. Ich war in einer schweren finanziellen Klemme. Dann erinnerte ich mich, daß ich irgendwo gelesen hatte ‚Erwarten Sie nicht das Unmögliche'."

George Severance beschloß, über seinen Tagesablauf genau Buch zu führen, denn die Zeit ist das Kapital des Verkäufers. „Es kam heraus, daß ich in einem einzigen Monat 32 Stunden damit zugebracht hatte, mit meinen

Freunden und Kollegen Kaffeepausen zu halten. Ich war verblüfft, denn diese Zeit entsprach vier vollen Arbeitstagen. Und ich stellte auch fest, daß meine Mittagspause oft eine ganze Stunde länger als nötig war.“

Ihnen dient der Erfolgskalender als Mittel der Selbstkontrolle im Hinblick auf ein bestimmtes Erfolgsziel. George Severance entwickelte einen ganz ähnlichen Zeit-Kalender, in dem er seine produktive und unproduktive Zeit eintrug.

„Rückblickend glaubte ich von mir, daß meine größten Erfolge im Umgang mit Menschen zu verzeichnen seien. Aber nachdem ich meinen Zeit-Kalender eingesetzt hatte, wurde mir klar: Immer wenn ein Arbeitstag im zwischenmenschlichen Bereich erfolgreich war, war er geschäftlich ein Fehlschlag.“

Ich wünschte, dieser Satz könnte hier in 10-cm-Leuchtbuchstaben geschrieben werden. Prägen Sie sich diesen Satz für Ihr Leben ein:

Wenn ein Arbeitstag zwischenmenschlich ein Erfolg ist, ist er ein geschäftlicher Mißerfolg.

Warum ist es so einfach, einen Tag angenehm im Umgang mit anderen zu gestalten? Sie wissen warum, Sie waren oft in solchen Situationen. Ich auch. Kontakte zu pflegen ist leicht, es macht Spaß. Verkaufen, arbeiten, schwierige Aufgaben bewältigen, ist hart und macht keinen Spaß. Und so gehen auch wir den Weg des geringsten Widerstandes und entspannen, lassen uns gehen, finden ungezählte Ausreden, warum wir das Notwendige nicht tun können.

Wir vermeiden es, aktiv zu werden, produktiv zu

sein so lange es irgend geht. Wenn es eine typische Eigenschaft gibt, die den 95 Prozent der Bevölkerung gemeinsam ist, die in der Mittelmäßigkeit dahinleben, dann ist es diese Inaktivität. Aber das ist nichts für Sie. Sie sind schon zu weit vorgedrungen, als daß diese schlechte Angewohnheit Sie besiegen könnte. Die Trägheit können Sie sich aberziehen, wenn Sie sich einfach unablässig den Befehl geben, aktiv zu sein — und diesem Befehl natürlich auf der Stelle gehorchen. Beginnen Sie Ihr Grundtraining mit kleinen Aktionen wie zum Beispiel:

Sie gehen durch Ihr Wohnzimmer und sehen auf dem Teppich ein Stückchen Papier liegen. Ihr altes Ich würde es Ihrer Frau überlassen, sich darum zu kümmern, wenn sie aufräumt. Ihr neues Ich hebt es auf — *sofort*.

Sie fahren frühmorgens Ihr Auto aus der Garage. Die Müllabfuhr ist schon dagewesen und hat die leeren Mülleimer an der Straße abgestellt. Ihr altes Ich würde sie dort stehen lassen bis zum Abend, bis Sie bei Ihrer Heimkehr die Behälter wieder in die Garage stellen. Ihr neues Ich stellt sie *jetzt gleich* zurück.

Ihr altes Ich sieht die Morgenpost durch und beantwortet nur die Briefe, die wirklich dringend sind und verschiebt die anderen auf später. Ihr neues Ich weiß, daß viel Zeit gespart werden kann, wenn man jedes Poststück nur einmal zur Hand nimmt, und beantwortet deshalb jeden Brief auf der Stelle.

Ihr altes Ich hat irgendwo Beschwerden, sagen wir ein Stechen in der Brust und beschließt, zum Arzt zu gehen, irgendwann einmal, wenn Sie nicht „so viel zu tun haben“. Ihr neues Ich geht *sofort.* (Das „Irgendwann“ könnte für Ihr altes Ich nie mehr kommen!)

Ich glaube, Sie könnten seitenlang so weitermachen mit Beispielen für aufgeschobene Aktionen. Wenn Sie jedoch dieses Laster nicht ablegen, war alles Bisherige Zeitverschwendung. Aber wir haben beide schon zuviel investiert, um diesen Fall eintreten zu lassen.

Also werden wir aktiv! Fangen wir an zu lesen!

Die Schriftrolle mit dem Zeichen IX

Meine Träume sind wertlos, meine Pläne purer Staub, meine Ziele sind unerreichbar.

Alles dies ist ohne Wert, es sei denn, es wird gefolgt von der Tat.

Ich werde jetzt handeln.

Niemals noch hat es eine Landkarte gegeben, die ihren Eigentümer auch nur um eine Elle fortbewegt hätte — und sei sie noch so weise und genau gearbeitet. Nie hat es eine Gesetzestafel gegeben, und sei sie auch noch so gerecht, die ein einziges Verbrechen verhindert hätte. Nie hat es eine Schriftrolle gegeben, nicht einmal die, die ich in Händen halte, die auch nur einen roten Heller eingebracht oder nur ein einziges Wort des Lobes für den Besitzer ausgesprochen hätte. Die Tat allein ist der Saft, der zum Leben erweckt die Landkarte, die Gesetzestafel, diese Schriftrolle, meine Träume, meine Planungen, meine Ziele. Die Tat ist Speise und Trank für meinen Wohlstand.

Ich werde jetzt handeln.

Mein Säumen hat mich gefesselt gehalten, denn es war geboren aus der Furcht. Nun aber erkenne ich das Geheimnis, das aus allen mutigen Herzen zum Licht drängt. Nun verstehe ich, die Furcht zu meistern. Ohne Säumen will ich immerdar handeln, und enden wird das Beben meines Herzens. Nun weiß ich, daß die Tat aus dem Löwen der Angst die Ameise des Gleichmuts macht.

Ich werde jetzt handeln.

Fortan will ich in meiner Brust tragen das Gleichnis vom Glühwürmchen, das sein Leuchten nur dann verbreitet, wenn es im Flug, in Bewegung ist. Ich werde sein wie das Glühwürmchen, und mein Leuchten wird sich selbst im Tageslicht zeigen, ungeachtet des Sonnenlichtes. Sollen die anderen sein wie die Schmetterlinge, die stolz ihre Flügel öffnen, die aber der Gnade einer Blume bedürfen, damit sie leben. Ich jedoch will sein wie das Glühwürmchen, und mein Leuchten wird die Welt erhellen.

Ich werde jetzt handeln.

Nicht meiden will ich die Pflichten des heutigen Tages und sie auf morgen schieben, denn siehe, es gibt kein „Morgen". Immerdar wird nur ein „Heute" sein. Jetzt will ich handeln, obzwar meine Taten mir vielleicht nicht das Glück oder den Wohlstand bringen. Denn besser ist es, zu handeln und dabei zu fehlen, als nicht zu handeln. Das Glück mag nicht die Frucht sein, die meine Hand heute pflückt, und doch wird ohne die Arbeit des Pflückers alle Frucht auf dem Baume verderben.

Ich werde jetzt handeln.

Ich werde jetzt handeln. Ich werde jetzt handeln. Ich werde jetzt handeln. Von nun an will ich mir diese Worte immer und immer wieder sagen, jede Stunde des Tages, jeden Tag der Woche, täglich, solange bis die Worte ein Teil von mir sind wie mein Atmen. Und es werden die Taten folgen so fraglos wie mein Lidschlag. Mit diesen Worten wird mein Geist geschult, auf daß ich jedwede Handlung vollbringe, die da Not tut. Mit diesen Worten schule ich meinen Geist, jedwede Gefahr zu bestehen, die ein Taugenichts sogleich meiden würde.

Ich werde jetzt handeln.

Ich will mir diese Worte wieder und wieder vorsprechen. Des Morgens wenn ich erwache, will ich mir die Worte sagen, und aufspringen werde ich frohen Mutes von meinem Lager, dieweil der Tagedieb weiterschläft.

Ich werde jetzt handeln.

Wenn ich den Marktplatz betrete, will ich mir die Worte sagen, und auf der Stelle will ich meinen ersten Käufer ansprechen, während der Nichtsnutz noch über der Furcht vor einer Zurückweisung brütet.

Ich werde jetzt handeln.

Wenn ich vor einem geschlossenen Tor stehe, will ich mir die Worte sagen und unerschrocken anklopfen, dieweil der Zauderer davor wartet in Zittern und Zagen.

Ich werde jetzt handeln.

Wenn ich in Versuchung falle, will ich die Worte sagen, und sogleich werde ich mich dem Übel entziehen.

Ich werde jetzt handeln.

Wenn mich die Versuchung ankommt, nach Hause zu gehen und die Arbeit morgen erst zu beginnen, will ich mir die Worte sagen und sogleich einen weiteren Verkauf abschließen.

Ich werde jetzt handeln.

Nur durch die Taten bestimme ich meinen Wert auf dem Marktplatze, und um meinen Wert zu vervielfachen, muß ich meine Taten vervielfachen. Ich will voranschreiten, wo der Nichtswürdige weibisch zagt. Ich will arbeiten, wenn der

Tagedieb der Ruhe pflegt. Ich will meine Stimme erheben, wenn der Ängstliche in Schweigen verharrt. Ich will zehn Vorübergehende anrufen, daß sie meine Waren kaufen, wenn der Mutlose noch Pläne schmiedet, wie er nur einen anrufe. Ich will sagen: „Die Tat ist getan“, wenn der Nichtstuer sagt: „Es ist zu spät“.

Ich werde jetzt handeln.

Denn das Jetzt halte ich in Händen. Morgen ist der Tag, an dem der Faule fleißig wird. Ich bin nicht faul. Morgen wird alles Schlechte sich zum Guten wenden. Ich bin nicht schlecht. Morgen ist der Tag, an dem die Schwachen stark sein werden. Ich bin nicht schwach. Morgen ist der Tag, an dem der Bettler reich sein wird. Ich bin kein Bettler.

Ich werde jetzt handeln.

Wenn der Löwe Hunger verspürt, frißt er. Wenn der Adler Durst fühlt, trinkt er. Wenn sie diese Taten unterlassen, verderben sie.

Ich hungere nach Wohlstand. Ich dürste nach Glück und dem Frieden der Seele. Wenn ich nicht handle, werde ich verderben, und mein Leben wird sein Armut und Elend, und meine Nächte wird der Schlaf fliehen.

Ich will befehlen, und gehorchen will ich meinen Befehlen.

Ich werde jetzt handeln.

Der Lohn wird nicht warten. Wenn ich säume, wird er einem anderen gegeben werden und mir für immer verloren sein.

Jetzt ist die rechte Stunde. Hier ist der rechte Ort. Ich bin der rechte Mann.

Ich werde jetzt handeln.

Erfolgskalender
Sechsunddreißigste Woche

Montag, den ....

1. Die Schriftrolle mit dem Zeichen IX habe ich gelesen ☐ mal

2. Ich habe gehandelt vom Moment meines Erwachens an; ich habe mich geschwind von meinem Lager erhoben; ich habe mir beständig die Worte wiederholt: „Ich handle jetzt!"; ich habe meine Furcht durch Betriebsamkeit überwunden; ich habe keine widerwärtige Arbeit auf einen späteren Zeitpunkt verschoben; ich bin eifrig von Käufer zu Käufer und von Aufgabe zu Aufgabe fortgeschritten, um so die Versuchung zu meiden. Heute habe ich gehandelt!

   Für die Erfüllung dieser Gebote gebe ich mir Note ☐

Gesamtnote ☐

Dienstag, den ....

1. Die Schriftrolle mit dem Zeichen IX habe ich gelesen ☐ mal
2. Für die Erfüllung des Gebots der Woche gebe ich mir Note ☐

Gesamtnote ☐

Mittwoch, den ....

1. Die Schriftrolle mit dem Zeichen IX habe ich gelesen ☐ mal
2. Für die Erfüllung des Gebots der Woche gebe ich mir Note ☐

Gesamtnote ☐

Donnerstag, den ....

1. Die Schriftrolle mit dem Zeichen IX habe ich gelesen ☐ mal
2. Für die Erfüllung des Gebots der Woche gebe ich mir Note ☐

Gesamtnote ☐

Freitag, den ....

1. Die Schriftrolle mit dem Zeichen IX habe ich gelesen ☐ mal
2. Für die Erfüllung des Gebots der Woche gebe ich mir Note ☐

Gesamtnote ☐

Gesamtnote der Woche ☐

Wichtige Termine für die Woche

Montag

Dienstag

Mittwoch

Donnerstag

Freitag

Besondere Erfolge dieser Woche

Motto der Woche

Der Himmel hilft nie dem, der untätig bleibt.

Sophokles

Erfolgskalender
Siebenunddreißigste Woche

Montag, den ....

1. Die Schriftrolle mit dem Zeichen IX habe ich gelesen ☐ mal
2. Ich habe gehandelt vom Moment meines Erwachens an; ich habe mich geschwind von meinem Lager erhoben; ich habe mir beständig die Worte wiederholt: „Ich handle jetzt!"; ich habe meine Furcht durch Betriebsamkeit überwunden; ich habe keine widerwärtige Arbeit auf einen späteren Zeitpunkt verschoben; ich bin eifrig von Käufer zu Käufer und von Aufgabe zu Aufgabe fortgeschritten, um so die Versuchung zu meiden. Heute habe ich gehandelt!

   Für die Erfüllung dieser Gebote gebe ich mir Note ☐

Gesamtnote ☐

Dienstag, den ....

1. Die Schriftrolle mit dem Zeichen IX habe ich gelesen ☐ mal
2. Für die Erfüllung des Gebots der Woche gebe ich mir Note ☐

Gesamtnote ☐

Mittwoch, den ....

1. Die Schriftrolle mit dem Zeichen IX habe ich gelesen ☐ mal
2. Für die Erfüllung des Gebots der Woche gebe ich mir Note ☐

Gesamtnote ☐

Donnerstag, den ....

1. Die Schriftrolle mit dem Zeichen IX habe ich gelesen ☐ mal
2. Für die Erfüllung des Gebots der Woche gebe ich mir Note ☐

Gesamtnote ☐

Freitag, den ....

1. Die Schriftrolle mit dem Zeichen IX habe ich gelesen ☐ mal
2. Für die Erfüllung des Gebots der Woche gebe ich mir Note ☐

Gesamtnote ☐

Gesamtnote der Woche ☐

Wichtige Termine für die Woche

Montag

Dienstag

Mittwoch

Donnerstag

Freitag

Besondere Erfolge dieser Woche

Motto der Woche

Ich habe nie etwas von den guten Vorsätzen der Apostel gehört, aber ziemlich viel von ihren Taten.

Horace Mann

Erfolgskalender
Achtunddreißigste Woche

Montag, den ....

1. Die Schriftrolle mit dem Zeichen IX habe ich gelesen ☐ mal

2. Ich habe gehandelt vom Moment meines Erwachens an; ich habe mich geschwind von meinem Lager erhoben; ich habe mir beständig die Worte wiederholt: „Ich handle jetzt!“; ich habe meine Furcht durch Betriebsamkeit überwunden; ich habe keine widerwärtige Arbeit auf einen späteren Zeitpunkt verschoben; ich bin eifrig von Käufer zu Käufer und von Aufgabe zu Aufgabe fortgeschritten, um so die Versuchung zu meiden. Heute habe ich gehandelt!

   Für die Erfüllung dieser Gebote gebe ich mir Note ☐

Gesamtnote ☐

Dienstag, den ....

1. Die Schriftrolle mit dem Zeichen IX habe ich gelesen ☐ mal
2. Für die Erfüllung des Gebots der Woche gebe ich mir Note ☐

Gesamtnote ☐

Mittwoch, den ....

1. Die Schriftrolle mit dem Zeichen IX habe ich gelesen ☐ mal
2. Für die Erfüllung des Gebots der Woche gebe ich mir Note ☐

Gesamtnote ☐

Donnerstag, den ....

1. Die Schriftrolle mit dem Zeichen IX habe ich gelesen ☐ mal
2. Für die Erfüllung des Gebots der Woche gebe ich mir Note ☐

Gesamtnote ☐

Freitag, den ....

1. Die Schriftrolle mit dem Zeichen IX habe ich gelesen ☐ mal
2. Für die Erfüllung des Gebots der Woche gebe ich mir Note ☐

Gesamtnote ☐

Gesamtnote der Woche ☐

Wichtige Termine für die Woche

Montag

Dienstag

Mittwoch

Donnerstag

Freitag

Besondere Erfolge dieser Woche

Motto der Woche

Gute Absicht mag vor Gott wertvoll sein; vor den Menschen ist sie jedoch kaum mehr wert als ein schöner Traum — es sei denn, man setzt sie in die Tat um.

Bacon

Erfolgskalender
Neununddreißigste Woche

Montag, den ....

1. Die Schriftrolle mit dem Zeichen IX habe ich gelesen ☐ mal

2. Ich habe gehandelt vom Moment meines Erwachens an; ich habe mich geschwind von meinem Lager erhoben; ich habe mir beständig die Worte wiederholt: „Ich handle jetzt!"; ich habe meine Furcht durch Betriebsamkeit überwunden; ich habe keine widerwärtige Arbeit auf einen späteren Zeitpunkt verschoben; ich bin eifrig von Käufer zu Käufer und von Aufgabe zu Aufgabe fortgeschritten, um so die Versuchung zu meiden. Heute habe ich gehandelt!

   Für die Erfüllung dieser Gebote gebe ich mir Note ☐

Gesamtnote ☐

Dienstag, den ....

1. Die Schriftrolle mit dem Zeichen IX habe ich gelesen ☐ mal
2. Für die Erfüllung des Gebots der Woche gebe ich mir Note ☐

Gesamtnote ☐

Mittwoch, den ....

1. Die Schriftrolle mit dem Zeichen IX habe ich gelesen ☐ mal
2. Für die Erfüllung des Gebots der Woche gebe ich mir Note ☐

Gesamtnote ☐

Donnerstag, den ....

1. Die Schriftrolle mit dem Zeichen IX habe ich gelesen ☐ mal
2. Für die Erfüllung des Gebots der Woche gebe ich mir Note ☐

Gesamtnote ☐

Freitag, den ....

1. Die Schriftrolle mit dem Zeichen IX habe ich gelesen ☐ mal
2. Für die Erfüllung des Gebots der Woche gebe ich mir Note ☐

Gesamtnote ☐

Gesamtnote der Woche ☐

Wichtige Termine für die Woche

Montag

Dienstag

Mittwoch

Donnerstag

Freitag

Besondere Erfolge dieser Woche

Motto der Woche

Das Leben ist uns nicht gegeben für Trübsinn und müßige Selbstkritik, noch für muffige Frömmelei; die Taten allein bestimmen seinen Wert.

Fichte

Erfolgskalender
Vierzigste Woche

Montag, den ....

1. Die Schriftrolle mit dem Zeichen IX habe ich gelesen ☐ mal

2. Ich habe gehandelt vom Moment meines Erwachens an; ich habe mich geschwind von meinem Lager erhoben; ich habe mir beständig die Worte wiederholt: „Ich handle jetzt!“; ich habe meine Furcht durch Betriebsamkeit überwunden; ich habe keine widerwärtige Arbeit auf einen späteren Zeitpunkt verschoben; ich bin eifrig von Käufer zu Käufer und von Aufgabe zu Aufgabe fortgeschritten, um so die Versuchung zu meiden. Heute habe ich gehandelt!

   Für die Erfüllung dieser Gebote gebe ich mir Note ☐

Gesamtnote ☐

Dienstag, den ....

1. Die Schriftrolle mit dem Zeichen IX habe ich gelesen ☐ mal
2. Für die Erfüllung des Gebots der Woche gebe ich mir Note ☐

Gesamtnote ☐

Mittwoch, den ....

1. Die Schriftrolle mit dem Zeichen IX habe ich gelesen ☐ mal
2. Für die Erfüllung des Gebots der Woche gebe ich mir Note ☐

Gesamtnote ☐

Donnerstag, den ....

1. Die Schriftrolle mit dem Zeichen IX habe ich gelesen ☐ mal
2. Für die Erfüllung des Gebots der Woche gebe ich mir Note ☐

Gesamtnote ☐

Freitag, den ....

1. Die Schriftrolle mit dem Zeichen IX habe ich gelesen ☐ mal
2. Für die Erfüllung des Gebots der Woche gebe ich mir Note ☐

Gesamtnote ☐

Gesamtnote der Woche ☐

Wichtige Termine für die Woche

Montag

Dienstag

Mittwoch

Donnerstag

Freitag

Besondere Erfolge dieser Woche

Motto der Woche

Unsere Hauptaufgabe ist nicht, zu erkennen, was in der Ferne verschwimmt, sondern was klar vor unseren Augen liegt.

Carlyle

12. Kapitel

Gibt es einen Gott?

Wenn Sie der Überzeugung sind, daß es ihn nicht gibt, können Sie diese letzten fünf Wochen Ihres Erfolgsprogramms weglassen, denn die „Schriftrolle mit dem Zeichen X“ handelt von einem Gebet. Und es ist nicht sehr sinnvoll zu beten, wenn Sie der Meinung sind, es hört sowieso niemand.

Gerade in den letzten Jahren haben sich mehr und mehr Wissenschaftler zu der Überzeugung bekannt, daß es ein höheres Wesen hinter all den Erscheinungen der Welt geben muß. Ich kann das Für und Wider hier nicht ausführlich erörtern, aber diese Aussagen von Gelehrten haben mich mehr überzeugt als jede Predigt.

Ich nehme der Einfachheit halber an, daß auch Sie an eine Kraft oder Macht glauben, die unser Leben lenkt, selbst wenn Sie in den letzten Jahren wenig direkte „Verbindung“ mit diesem Wesen gehabt haben — Sie glauben jedenfalls, daß es so etwas gibt. Mehr brauche ich nicht zu wissen.

Ich wage nicht zu hoffen, daß es Ihnen jetzt ebenso geht wie dem berühmten Chirurgen in der folgenden Geschichte: Der Chirurg sollte ein kleines Mädchen operieren. Als er sie auf den Operationstisch legen wollte, sagte er zu ihr: „Du mußt jetzt ein bißchen schlafen, damit wir dich wieder gesund machen können."

Das kleine Mädchen lächelte ihn an und entgegnete: „Wenn ich schlafen gehe, muß ich vorher beten." Und damit stieg sie herunter vom Tisch, kniete auf den Marmorboden und betete: „Abends wenn ich schlafen geh..." Der Chirurg hat an diesem Abend zum erstenmal seit seiner Kindheit wieder gebetet.

In den nun folgenden fünf Wochen — und hoffentlich für immer — werden Sie beten, und zwar nicht um Hilfe oder persönlichen Vorteil gleich welcher Art, sondern um Beistand. Haben Sie gewußt, daß in Washington, einmal wöchentlich Hunderte von Politikern und Gesetzgebern zusammenkommen, um in einer privaten Sitzung zu beraten, und daß diese Treffen damit enden, daß alle die prominenten und einflußreichen Männer auf den Knien um göttlichen Beistand bitten?

Stellen Sie sich bitte vor: Generäle, Adimiräle, Kabinettsmitglieder, Minister, Präsidenten — Menschen in den wichtigsten Positionen in dem mächtigsten Land der Welt, auf den Knien, im Geiste demütiger Unterwerfung, betend.

Haben sie etwas, das wir nicht haben?

Vielleicht. Das, was sie haben, ist das Wissen, daß sie es allein nicht schaffen können. Aber sie bitten nie um momentane Vorteile oder flüchtige Siege, sondern nur um den Beistand, der sie befähigt, eigene Entscheidungen zu fällen und die richtigen Problemlösungen für die Anforderungen des Alltags zu finden.

Ich glaube, daß Gebete um persönlichen Gewinn

oder um den Ausweg aus einer Krise auf taube Ohren treffen, so wie in der Geschichte mit dem Bauern und seinem Sohn, die auf dem Felde pflügten. Da entstand ein furchtbares Gewitter. Der Bauer rannte so schnell er konnte zum Hof zurück. Aber als er zurückblickte, sah er seinen Sohn auf dem Acker stehen und in den Himmel schauen.

„He“, schrie er, „was machst du denn da?“

„Ich bete, Vater.“

„Beten! Ein Gebet aus Angst ist keinen Pfifferling wert, mein Sohn — lauf!“

Das „Gebet des Kaufmanns“ in der letzten Schriftrolle bildet einen optimalen Abschluß dieser vielen arbeitsreichen Wochen. Sie werden in ihm eine Zusammenfassung all der Erfolgsregeln finden, die Sie sich erarbeitet haben, Sie ganz allein, um mehr aus Ihrem Leben zu machen. Und mit seiner Hilfe, das weiß ich genau, werden Sie die Kraft und den Schwung haben, weiter vorwärts zu gehen, egal, was das Schicksal noch für Sie bereithält.

Erinnern Sie sich? *„Der Mißerfolg wird nicht dein Tun beherrschen, solange dein Wille unwandelbar am guten Ausgang einer Sache festhält.“*

Ich wünsche Ihnen schöne, glückliche fünf Wochen.

Die Schriftrolle mit dem Zeichen X

Wer hätte da so wenig Glauben, daß er in Zeiten großen Kummers oder tiefster Not nicht seinen Gott anriefe? Wer schreit nicht auf, wenn er Tod und Gefahr vor sich sieht oder aber die großen Geheimnisse, die da sind jenseits aller Erfahrung des Menschen? Von wannen kommt dieser tiefe Drang, der dem Munde aller Kreatur entfleucht, wenn sie in Gefahr gerät?

Wedelst du deine Hand geschwind vor den Augen eines anderen, so wird dieser mit seinen Lidern blinzeln. Schlage einem anderen auf sein Knie, und sein Bein wird ausschlagen. Versetzest du wieder einen anderen in tiefsten Schrecken, so wird seinem Munde ein Schreckensruf entfahren.

Ich muß nicht meine Tage füllen mit frommen Übungen, und doch erkenne ich dieses größte Geheimnis des Lebens an. Alle Kreatur, die da wandelt auf dieser Erde, der Mensch eingeschlossen, besitzt den Drang, nach Hilfe zu schreien. Warum aber besitzen wir diesen Drang, diese Gabe?

Sind denn nicht Hilfeschreie wie Gebete? Ganz unverständlich wäre es, hätte das Lamm, der Esel, der Vogel oder der Mensch diese Gabe, um Hilfe zu rufen, ohne daß da ein höheres Wesen existierte, das diesen Ruf hören und ihn beantworten könnte. Fortan will ich beten und bitten, doch meine Hilferufe werden sein Bitten um Beistand.

Niemals will ich bitten um die toten Besitztümer dieser Welt. Mein Gebet wird nicht sein wie der Ruf nach einem

Diener, er möge mir mein Mahl bereiten. Nicht befehlen will ich wie man befiehlt dem Gastwirt, er möge eine Schlafstatt richten. Nie will ich ersuchen um Gold, Liebe, Gesundheit, kurzatmige Siege, Ruhm, Ehre, Glück. Allein um Beistand will ich bitten, auf daß mir der Weg gezeigt werde zu allen diesen Dingen, und mein Gebet wird nie vergebens sein.

Führung und Beistand, um die ich bitte, mögen kommen und sie mögen auch nicht kommen. Aber ist nicht das eine wie das andere eine Antwort? Wenn ein Kind Brot verlangt von seinem Vater, und dieser gewährt es ihm nicht, hat nicht somit der Vater dennoch geantwortet?

Bitten will ich um Beistand, und ich will sprechen das Gebet eines Kaufmannes, das da lautet:

O Du Schöpfer aller Dinge, komm mir zu Hilfe. Denn heute will ich in die Welt hinausgehen, nackt und einsam, und ohne Deine leitende Hand werde ich abirren vom rechten Pfad, der da führt zu Glück und Wohlsein.

Ich will nicht bitten um Gold oder Geschenke, auch nicht um die Gunst des Augenblicks, auf daß ich meine Fertigkeiten gebührend zeigen könne. Führe und leite Du mich jedoch, damit ich die Gunst des Augenblicks erkenne, wenn er gekommen ist, und ich die Kraft habe, ihm zu entsprechen.

Du hast den Löwen wie den Adler gelehrt, zu jagen und zu gedeihen mit Hilfe ihrer Zähne und Krallen. Lehre mich nun, zu jagen mit Hilfe meiner Rede und zu gedeihen in meiner Liebe, auf daß ich dem Löwen unter den Menschen gleiche und dem Adler auf dem Markte.

Hilf mir, daß ich demütig bleibe in den Fährnissen und Fehlschlägen. Verbirg jedoch nicht vor meinen Augen den Siegespreis.

Führe mich zu Aufgaben, in denen andere vor mir gefehlt haben. Leite mich jedoch auch an, wie ich die Frucht des Gelingens auf dem Feld ihrer Fehlschläge ernte. Zeige mir die Angst, die meinen Geist zügeln wird. Aber statte mich aus mit dem Mut, über meine bösen Vorahnungen zu lächeln.

Gönne mir eine ausreichende Anzahl von Tagen, damit ich mein Ziel erreiche. Hilf mir aber auch, daß ich diesen Tag erlebe, als sei er mein letzter.

Leite an meine Rede, auf daß sie Frucht tragen möge. Aber halte mich fern von dem Geschwätz, auf daß niemandem Übles nachgeredet werde.

Übe mich in der Kraft, immer wieder neu anzufangen. Lehre mich jedoch ebenfalls, das Gesetz des Durchschnitts zu gebrauchen. Gib mir die Gnade der Wachsamkeit, damit ich die günstige Gelegenheit erkenne. Doch versieh mich mit Geduld, auf daß ich meine Kräfte sammle.

Tauche mich in das Bad der guten Angewohnheiten, darin die schlechten ertränkt werden sollen. Doch laß mir das Mitleid mit den Schwächen anderer. Gib mir die Weisheit ein, daß da alle Dinge vergehen. Gestatte mir jedoch, mich zu erfreuen der Segnungen des heutigen Tages.

Setze mich aus Haß und Verfolgung, auf daß sie mir nicht fremd seien. Erfülle jedoch mein Herz mit Liebe, auf daß

Haß in Freundschaft verwandelt werde.

Aber alles dies geschehe nach Deinem Willen. Klein und gering bin ich, eine einsame Beere an Deinem Weinstock, und dennoch hast Du mich geschaffen in Besonderheit von allen anderen. Und so muß es in Wahrheit einen besonderen Ort in der Welt für mich geben. Führe mich. Leite mich. Zeige mir den Weg.

Laß mich werden zu dem, den Du vorgesehen hast, als mein Same gepflanzt wurde. Du hast mich auserwählt, in Deinem Weinberg zu erstehen.

Hilf mir demütigem Kaufmann.
Gott, steh mir bei.

Erfolgskalender
Einundvierzigste Woche

Montag, den ....

1. Die Schriftrolle mit dem Zeichen X habe ich gelesen ☐ mal

2. Ich habe heute gebetet; ich habe das Gebet des Kaufmanns gebetet, aber ich habe auch eigene Worte gefunden, in denen ich um Beistand in meinen persönlichen und meinen geschäftlichen Dingen gebeten habe, und ich habe meinem Schöpfer gedankt für die Gnade, daß ich aus diesem Tag etwas Gutes machen durfte — und aus meinem ganzen Leben.

   Für die Erfüllung dieser Gebote gebe ich mir Note ☐

Gesamtnote ☐

Dienstag, den ....

1. Die Schriftrolle mit dem Zeichen X habe ich gelesen ☐ mal
2. Für die Erfüllung des Gebots der Woche gebe ich mir Note ☐

Gesamtnote ☐

Mittwoch, den ....

1. Die Schriftrolle mit dem Zeichen X habe ich gelesen ☐ mal
2. Für die Erfüllung des Gebots der Woche gebe ich mir Note ☐

Gesamtnote ☐

Donnerstag, den ....

1. Die Schriftrolle mit dem Zeichen X habe ich gelesen ☐ mal
2. Für die Erfüllung des Gebots der Woche gebe ich mir Note ☐

Gesamtnote ☐

Freitag, den ....

1. Die Schriftrolle mit dem Zeichen X habe ich gelesen ☐ mal
2. Für die Erfüllung des Gebots der Woche gebe ich mir Note ☐

Gesamtnote ☐

Gesamtnote der Woche ☐

Wichtige Termine für die Woche

Montag

Dienstag

Mittwoch

Donnerstag

Freitag

Besondere Erfolge dieser Woche

Motto der Woche

Viele Male bin ich auf die Knie gezwungen worden von der überwältigenden Gewißheit, daß ich mich nirgendwohin wenden konnte. Mein eigenes Wissen und das aller mich umgebenden Menschen schien nicht auszureichen für die Anforderungen des Tages.

Abraham Lincoln

Erfolgskalender
Zweiundvierzigste Woche

Montag, den ....

1. Die Schriftrolle mit dem Zeichen X habe ich gelesen ☐ mal
2. Ich habe heute gebetet; ich habe das Gebet des Kaufmanns gebetet, aber ich habe auch eigene Worte gefunden, in denen ich um Beistand in meinen persönlichen und meinen geschäftlichen Dingen gebeten habe, und ich habe meinem Schöpfer gedankt für die Gnade, daß ich aus diesem Tag etwas Gutes machen durfte — und aus meinem ganzen Leben.

   Für die Erfüllung dieser Gebote gebe ich mir Note ☐

Gesamtnote ☐

Dienstag, den ....

1. Die Schriftrolle mit dem Zeichen X habe ich gelesen ☐ mal
2. Für die Erfüllung des Gebots der Woche gebe ich mir Note ☐

Gesamtnote ☐

Mittwoch, den ....

1. Die Schriftrolle mit dem Zeichen X habe ich gelesen ☐ mal
2. Für die Erfüllung des Gebots der Woche gebe ich mir Note ☐

Gesamtnote ☐

Donnerstag, den ....

1. Die Schriftrolle mit dem Zeichen X habe ich gelesen ☐ mal
2. Für die Erfüllung des Gebots der Woche gebe ich mir Note ☐

Gesamtnote ☐

Freitag, den ....

1. Die Schriftrolle mit dem Zeichen X habe ich gelesen ☐ mal
2. Für die Erfüllung des Gebots der Woche gebe ich mir Note ☐

Gesamtnote ☐

Gesamtnote der Woche ☐

Wichtige Termine für die Woche

Montag

Dienstag

Mittwoch

Donnerstag

Freitag

Besondere Erfolge dieser Woche

Motto der Woche

Wir täten gut daran, über unsere Gebete ein wenig Buch zu führen, damit wir sie durch unsere Praxis nicht widerrufen.

M. Hentry

Erfolgskalender
Dreiundvierzigste Woche

Montag, den ....

1. Die Schriftrolle mit dem Zeichen X habe ich gelesen ☐ mal

2. Ich habe heute gebetet; ich habe das Gebet des Kaufmanns gebetet, aber ich habe auch eigene Worte gefunden, in denen ich um Beistand in meinen persönlichen und meinen geschäftlichen Dingen gebeten habe, und ich habe meinem Schöpfer gedankt für die Gnade, daß ich aus diesem Tag etwas Gutes machen durfte — und aus meinem ganzen Leben.

   Für die Erfüllung dieser Gebote gebe ich mir Note ☐

Gesamtnote ☐

Dienstag, den ....

1. Die Schriftrolle mit dem Zeichen X habe ich gelesen ☐ mal
2. Für die Erfüllung des Gebots der Woche gebe ich mir Note ☐

Gesamtnote ☐

Mittwoch, den ....

1. Die Schriftrolle mit dem Zeichen X habe ich gelesen ☐ mal
2. Für die Erfüllung des Gebots der Woche gebe ich mir Note ☐

Gesamtnote ☐

Donnerstag, den ....

1. Die Schriftrolle mit dem Zeichen X habe ich gelesen ☐ mal
2. Für die Erfüllung des Gebots der Woche gebe ich mir Note ☐

Gesamtnote ☐

Freitag, den ....

1. Die Schriftrolle mit dem Zeichen X habe ich gelesen ☐ mal
2. Für die Erfüllung des Gebots der Woche gebe ich mir Note ☐

Gesamtnote ☐

Gesamtnote der Woche ☐

Wichtige Termine für die Woche

Montag

Dienstag

Mittwoch

Donnerstag

Freitag

Besondere Erfolge dieser Woche

Motto der Woche

Das wahre Gebet bleibt nie ohne Trost. Ich bin mir sicher, daß ich alles bekommen kann, um das ich bitte — oder um das ich bitten sollte.

Leighton

Erfolgskalender
Vierundvierzigste Woche

Montag, den ....

1. Die Schriftrolle mit dem Zeichen X habe ich gelesen ☐ mal
2. Ich habe heute gebetet; ich habe das Gebet des Kaufmanns gebetet, aber ich habe auch eigene Worte gefunden, in denen ich um Beistand in meinen persönlichen und meinen geschäftlichen Dingen gebeten habe, und ich habe meinem Schöpfer gedankt für die Gnade, daß ich aus diesem Tag etwas Gutes machen durfte — und aus meinem ganzen Leben.

   Für die Erfüllung dieser Gebote gebe ich mir Note ☐

Gesamtnote ☐

Dienstag, den ....

1. Die Schriftrolle mit dem Zeichen X habe ich gelesen ☐ mal
2. Für die Erfüllung des Gebots der Woche gebe ich mir Note ☐

Gesamtnote ☐

Mittwoch, den ....

1. Die Schriftrolle mit dem Zeichen X habe ich gelesen ☐ mal
2. Für die Erfüllung des Gebots der Woche gebe ich mir Note ☐

Gesamtnote ☐

Donnerstag, den ....

1. Die Schriftrolle mit dem Zeichen X habe ich gelesen ☐ mal
2. Für die Erfüllung des Gebots der Woche gebe ich mir Note ☐

Gesamtnote ☐

Freitag, den ....

1. Die Schriftrolle mit dem Zeichen X habe ich gelesen ☐ mal
2. Für die Erfüllung des Gebots der Woche gebe ich mir Note ☐

Gesamtnote ☐

Gesamtnote der Woche ☐

Wichtige Termine für die Woche

Montag

Dienstag

Mittwoch

Donnerstag

Freitag

Besondere Erfolge dieser Woche

Motto der Woche

Bete zu Gott am Beginn einer jeden Arbeit, auf daß du sie alle zu einem guten Ende bringest.

Xenophon

Erfolgskalender
Fünfundvierzigste Woche

Montag, den ....

1. Die Schriftrolle mit dem Zeichen X habe ich gelesen ☐ mal

2. Ich habe heute gebetet; ich habe das Gebet des Kaufmanns gebetet, aber ich habe auch eigene Worte gefunden, in denen ich um Beistand in meinen persönlichen und meinen geschäftlichen Dingen gebeten habe, und ich habe meinem Schöpfer gedankt für die Gnade, daß ich aus diesem Tag etwas Gutes machen durfte — und aus meinem ganzen Leben.

   Für die Erfüllung dieser Gebote gebe ich mir Note ☐

Gesamtnote ☐

Dienstag, den ....

1. Die Schriftrolle mit dem Zeichen X habe ich gelesen ☐ mal
2. Für die Erfüllung des Gebots der Woche gebe ich mir Note ☐

Gesamtnote ☐

Mittwoch, den ....

1. Die Schriftrolle mit dem Zeichen X habe ich gelesen ☐ mal
2. Für die Erfüllung des Gebots der Woche gebe ich mir Note ☐

Gesamtnote ☐

Donnerstag, den ....

1. Die Schriftrolle mit dem Zeichen X habe ich gelesen ☐ mal
2. Für die Erfüllung des Gebots der Woche gebe ich mir Note ☐

Gesamtnote ☐

Freitag, den ....

1. Die Schriftrolle mit dem Zeichen X habe ich gelesen ☐ mal
2. Für die Erfüllung des Gebots der Woche gebe ich mir Note ☐

Gesamtnote ☐

Gesamtnote der Woche ☐

Wichtige Termine für die Woche

Montag

Dienstag

Mittwoch

Donnerstag

Freitag

Besondere Erfolge dieser Woche

Motto der Woche

Das Gebet hat mehr zustandegebracht, als diese Welt sich träumen läßt.

Alfred Tennyson

Das Ende — oder der Anfang

Etwas Neues anzufangen, macht immer Spaß — zumindest solange, bis man merkt, daß ein Anfang auch ein Start ist, und daß es mit der Arbeit und den Pflichten ernst wird. Alle diese herrlichen Aufgaben, Herausforderungen und Möglichkeiten liegen noch vor Ihnen.

Sie haben lange und hart gearbeitet, um bis hierher zu gelangen, und Sie möchten sich jetzt auf keinen Fall sagen lassen müssen, daß der Weg noch steiniger werden wird.

Sie haben viele Wochen lang durchgehalten mit Ihrem Erfolgskalender, und Sie möchten jetzt sicher nicht von mir zu hören bekommen, daß noch mehr Arbeit, mehr Bücher, mehr Selbsttraining für Sie bereitliegt.

Aber genau das sage ich Ihnen!

Sie haben also Ihren Erfolgskalender vervollständigt. Holen Sie jetzt bitte Ihre Erfolgsaufstellung hervor, die Sie für sich zu Beginn gemacht haben. Auf diesem Papier haben Sie damals aufgeschrieben, welches Einkommen und welche Position Sie nach Vollendung des Programms erreicht haben möchten.

Wie mit den Liegestützen: Ich wette, Sie haben viel mehr geschafft, als Sie dachten. Und jetzt machen Sie dasselbe nochmal. Schreiben Sie wieder genau auf, welches Einkommen und welche Position Sie in einem Jahr haben möchten. Wenn Sie möchten, schreiben Sie noch eine materielle Belohnung dazu, die Sie sich nach 12 Monaten gönnen wollen — Urlaub auf den Bahamas, einen neuen Porsche, den Nerz, den Sie Ihrer Frau für irgendwann einmal versprochen haben...

Aber was wird Ihnen die Kraft geben, Sie ein weiteres Jahr lang zu motivieren, nachdem Sie dieses Buch beendet haben?

Nun, ich möchte, daß Sie weitere Erfolgsliteratur durcharbeiten. Es gibt großartige Bücher zu diesem Thema, Klassiker und neuere Literatur, über die Sie sich im Buchhandel beraten lassen können.

Bevor ich schließe, lassen Sie mich noch ein Wort zu den populär gewordenen Angriffen gegen Selbsttrainingsbücher sagen. Alle paar Jahre gibt es irgendeine Veröffentlichung, die nachweist, daß diese Art von Literatur unsere sittlichen Werte zerstöre und überhaupt das Sprachrohr eines materialistisch denkenden „Establishments" sei. Gewissermaßen seien diese Bücher dann auch verantwortlich für den Zustand, in dem unsere Welt heutzutage ist.

Bei alledem ist für mich eines interessant: Die Autoren solcher „Anti-Bücher" sind verblendet von ihren eigenen Vorurteilen, denn sie übersehen völlig, daß sie für das Schreiben ihres eigenen Buches genau die Tugenden wie Beständigkeit, Fleiß, Zutrauen, Mut, Entschlußkraft, Ordnung, Aufrichtigkeit, Konzentration und Tatkraft brauchten, die sie bei anderen verurteilen.

Ich muß Sie nun verlassen, und ich kann mir keine besseren Schlußworte vorstellen, als die von Dr. Reinhold Niebuhr, mit denen er vor vielen Jahren ein Trainingsprogramm begann:

„Nichts was wert ist, getan zu werden, kann zeit deines Lebens vollbracht werden; daher ist die Hoffnung deine einzige Rettung. Nichts was gut ist, enthüllt hier und jetzt seinen tieferen Sinn; daher ist der Glaube deine einzige Rettung. Nichts was wert ist, getan zu werden, kann allein vollbracht werden; daher ist deine einzige Rettung die Liebe."

Alles Gute!